ISBN 9798374304015

Titolo: Alessandro Chiodo - Homo bulla, facce nuove, vecchi sistemi

Testi critici di:
Alessandro Cacciotti
Luigi Meucci Carlevaro
Filippo Rolla

prima edizione: gennaio 2023

Per le opere di Alessandro Chiodo © VG Bild-Kunst, Bonn, 2023

Immagine in copertina: "Testa", acquerello di Alessandro Chiodo © VG Bild-Kunst, Bonn, 2022

Tutti i diritti riservati. È assolutamente vietata la riproduzione totale o parziale di questo libro, così come l'inserimento in circuiti informatici, la trasmissione sotto qualsiasi forma o con qualsiasi mezzo elettronico, meccanico o altro, mediante fotocopie, registrazione o altri metodi, senza l'autorizzazione scritta dei titolari dei diritti d'autore (titolari del copyright) e del curatore del presente volume.

Alessandro Chiodo

Homo bulla

facce nuove, vecchi sistemi

acquerelli

" Potremmo dunque definire questi Acquarelli come "specule neoromaniche dello spirito". Oppure, come qualcuno vicino alla cerchia di Chiodo ha avuto modo di suggerire, come "colori della condizione umana". Sono volti dorati, carichi allo stesso tempo di bellezza e di inquietudine, di malinconia e di "visione". Sono acquarelli infuocati che rimandano ad una strana luminosità, e lo fanno in un'epoca di crisi. Rappresentano, nel profondo, enigmaticamente, una società liquida, acquatica; ma, allo stesso tempo, con l'acqua, riportano anche i riflessi più profondi dell'anima, come avveniva nelle teorizzazioni di Niccolò Cusano sulle proprietà rivelatorie degli specchi. Esistenzialisti perché descrivono l'angoscia, categoria esistenzialista per eccellenza, della modernità; spirituali perché non cedono alla mancanza di Senso cui è caduto, trascinato dalle sue contraddizioni, l'eroe della Nausea sartriana o il Sisifo senza scopo camusiano, portatore della rivolta fatta di impegno fine a se stesso.
"

Alessandro Cacciotti

Gli acquarelli di Alessandro Chiodo. Segni d'Acqua e di Fuoco
Alessandro Cacciotti

La nostra civiltà europea sta attraversando una svolta epocale. È una svolta che coinvolge sicuramente la superficie delle cose, ma soprattutto le correnti profonde. Si manifesta nelle leggi, nell'economia, nelle guerre, nei tentativi di pace, nelle aperture e nelle chiusure dei confini, nella cultura e nell'arte. E si muove particolarmente sottotraccia, laddove, al di là delle contingenze della storia, si accavallano i momenti dello Spirito, che solo le coscienze più sensibili possono cogliere. È a questo livello sotterraneo che il nostro Occidente porta infatti la sua frattura più profonda, la spaccatura più segreta, più misteriosa. È la frattura provocata dalla "Spada".
In Matteo (10, 34) infatti, è scritto: "Non pensate che io sia venuto a mettere pace sulla terra; non sono venuto a mettervi la pace, ma la spada." E ancora, in Luca, (12, 49-50): "Sono venuto a portare il fuoco sulla terra; e come vorrei che fosse già acceso! C'è un battesimo che devo ricevere; e come sono angosciato, finché non sia compiuto!"
Sono parole molto strane quella annunciate dal Redentore al mondo, da colui che muore per amore dell'umanità, sacrificandosi per la sua salvezza. L'atto stesso di questa venuta, la sconvolgente potenza e "autorità" di questa venuta, è "la Spada" e "il Fuoco". Nei nostri giorni carichi di una sconosciuta tensione, la presenza di questa Spada si fa forte e sempre più mostra la sua necessità, la sua ineluttabilità sulle interiorità degli uomini.
Sotto il segno della spada, in qualche strana maniera, si muovono anche i volti infuocati (il "fuoco", appunto!) di Alessandro Chiodo. Non è un caso, infatti, che abbiano la stessa stilizzazione misteriosofica che portavano le sculture più rappresentative della nuova arte che, proveniente dal Nord, dalle pianure che ora sono territorio tedesco o francese, pochi secoli dopo delle discese dei Goti e dei Visigoti che misero a bruciare i territori delle province romane, si stabilizzò nelle nostre terre. Sono i volti sintetici e potenti dell'Altare del duca Rachis del museo di Cividale, ad esempio. È la tormentata epoca che dalle correnti dell'arte paleocristiana, in un passaggio che durerà alcuni secoli, stringendosi a poco a poco, porterà poi a quello che sarà il Romanico, prima arte nettamente "europea". Secoli che furono sul crinale di una delle più grandi crisi di coscienza dell'umanità, preparatori di un qualcosa di irripetibile. Secoli dell'esaltazione divina e dei tormenti, dell'esistenza martoriata e della più alta speranza. Su tutto, si stagliava la nuova fiamma delle Lettere Sacre.
Le Sacre Lettere sono dunque il primo punto di ispirazione dell'opera figurativa e visiva di Chiodo. Perché, per prima cosa, Chiodo è artista e cittadino europeo e fine conoscitore della storia, della cultura e delle arti europee, nonché intimo e profondo pensatore che, ad ogni sguardo, vede stagliarsi sempre, sul proprio orizzonte, le scritture più alte, la spiritualità più radicata nella nostra cultura. I suoi volti sono volti di "fuoco", hanno i colori del fuoco che bruciava nell'Europa paleocristiana, longobarda, carolingia ed infine romanica. È lo stesso fuoco riacceso mille anni dopo. E il primo strano paradosso è che questo carattere di fuoco è ottenuto con l'elemento che più vi si distanzia, ovvero con l'acqua. La tecnica dell'acquarello, usata in maniera del tutto personale, unica, la sua liquidità luminosa ed elegante nel trattamento di Chiodo, che richiama allo stesso

tempo Dubuffet e Goya, depurati, però, quasi di tutta la loro carica grottesca, rende questi volti simili ad un caleidoscopio, una lente, che trascura del tutto il fatto fisiognomico e cerca piuttosto, come in uno specchio, l'interiorità aurea dei soggetti. Un carattere totalmente interiorizzato della rappresentazione, attento alle costruzioni di un Picasso, inquadrate però nell'eleganza delle linee propria delle sintesi novecentesche delle sculture di un Ernest Barlach. Sono opere, inoltre, vicine, con una certa affinità dei toni, alla violenza coloristica di un Schmidt-Rottluff, artista molto apprezzato da Chiodo, che ama ricordare le sue visite al Brücke-Museum, nel Dahlem (quartiere nei pressi di Berlino), dove sono custodite molte sue opere.

Hanno, dunque, questi dipinti, un carattere inesorabile, essenziale ed inevitabile. Portano la stessa cadenza lineare ed espressiva della scultura romanica e la stessa potenza specchiante e deformante delle crocifissioni di un Bacon o di un Félicien Rops; la sacralità arcana del Sarcofago di Giunio Basso o delle mura di Galla Placidia e la geometria indecifrabile degli studi matematici di Mimmo Paladino; l'angoscia esistenziale delle stanze di un Kafka, chiuse nei labirinti dell'assurdo, e la nostalgia rivoluzionaria dell'età dell'oro della Bisanzio di Yeats. Che era sì la città dell'oro, ma lo era in un tempo di crisi profonda.

Potremmo dunque definire questi Acquarelli come "specule neoromaniche dello spirito". Oppure, come qualcuno vicino alla cerchia di Chiodo ha avuto modo di suggerire, come "colori della condizione umana". Sono volti dorati, carichi allo stesso tempo di bellezza e di inquietudine, di malinconia e di "visione". Sono acquarelli infuocati che rimandano ad una strana luminosità, e lo fanno in un'epoca di crisi. Rappresentano, nel profondo, enigmaticamente, una società liquida, acquatica; ma, allo stesso tempo, con l'acqua, riportano anche i riflessi più profondi dell'anima, come avveniva nelle teorizzazioni di Niccolò Cusano sulle proprietà rivelatorie degli specchi. Esistenzialisti perché descrivono l'angoscia, categoria esistenzialista per eccellenza, della modernità; spirituali perché non cedono alla mancanza di Senso cui è caduto, trascinato dalle sue contraddizioni, l'eroe della Nausea sartriana o il Sisifo senza scopo camusiano, portatore della rivolta fatta di impegno fine a se stesso.

L'impegno esistenziale di Chiodo è invece totalmente diverso: manifesta, senza ombra di dubbio, un Senso. Questo Senso si avverte anche se non possiamo ancora decifrarlo del tutto. Come e forse più che in passato, la nostra condizione si muove tra le spire di un passaggio che ha qualcosa di definitivo. I Cittadini dell'Europa (Chiodo ama definirsi così), centro spirituale del mondo, muovono le loro anime accese nella propria, spesso inconsapevole, malinconia profonda, circondati dalla bellezza attorno. Hanno l'impronta ed il marchio dorato degli acquarelli di Chiodo: le chiese romaniche, le architetture di Berlino; lo spirito e la materia; la malinconia e l'elevazione. L'oro e l'acqua. E soprattutto la Spada… Il Fuoco e la Spada…

Le dissoluzioni fisionomiche di Alessandro Chiodo
Luigi Meucci Carlevaro

Spesso siamo portati a pensare alle opere eseguite con la tecnica dell'acquarello come evocazioni di momenti e stati d'animo idilliaci: un paesaggio, una natura morta, un ritratto, una composizione astratta dai toni delicati e rassicuranti.

Questo non accade a chi si trovi ad osservare gli acquatici accostamenti cromatici di Alessandro Chiodo, non tanto per la loro colorazione, chiara e moderatamente luminosa, quanto per la conformazione dei visi ritratti: senza capelli (uomini, donne, adulti, minori, chissà…), la bocca distorta in una smorfia, l'espressione triste e corrucciata.

La fisionomia espressionista richiama alla mente il grido di Munch, le deformazioni fisiche di Bacon, la brutalità espressa dai volti di Goya, il figurale grottesco di Dubuffet, i dipinti del nostro secondo dopoguerra, ascrivibili al movimento del realismo esistenziale, e tanta scultura novecentesca: dilaniata, mutila, le superfici scabre e corrose.

Gli artisti reagivano alle sconcezze della guerra ed alla crescente alienazione registrando il clima di smarrimento che le vicende della vita ripropongono senza soluzione di continuità.

Oggi lo fa Alessandro Chiodo con questi acquarelli; egli sente il suo tempo, lo vive, lo osserva, lo rende visibile evidenziando il disagio ampiamente diffuso nell'odierna società delineando facce deturpate, disfatte, avvilite, attonite, apparentemente prossime alla dissoluzione.

Gli occhi inespressivi e senza speranza, talora una sorta di orbite, e le espressioni ritratte esprimono un profondo senso di vuoto; le sopracciglia inarcate, le bocche contorte o spalancate, i contorni irregolari e mostruosamente deformati sono i protagonisti di immagini allo stato larvale che toccano le nostre interiorità.

E' il senso di frustrazione che più o meno intensamente tutti noi proviamo; quel senso di avvilimento, disagio, prostrazione che ammorba i nostri tempi, sapientemente sintetizzato attraverso l'utilizzo di un medium espressivo che, con la sua fluida, cangiante mobilità, ben si presta ad esprimere il disfacimento di ogni nostro punto di riferimento e di ogni certezza; il nostro precario, angosciato apparire, rendendo testimonianza delle nostre esistenze: più sole, più povere, perdute.

Se per un attimo abbandoniamo, tuttavia, queste constatazioni sconfortanti e, per così dire, crepuscolari, e accentriamo la nostra attenzione sui cromatismi degli acquarelli in esame, mi sento di concludere queste brevi notazioni, rilevando - ed azzardando - come Alessandro Chiodo abbia adottato una sottile strategia per mitigare le nostre incombenti consapevolezze e deviare il nostro sguardo dalle perspicue devianze fisionomiche lasciandoci rischiarare dalla, seppur modesta, luce che promana dalle sue immagini.

Con una tavolozza dai colori chiari: gialli o arancio acidi, azzurri, verdi, rossi, rosa, e dal cromatismo arbitrario, sembra che l'artista voglia marcare una distanza dagli altri individui, come ad esprimere un disagio che non è il proprio ma quello degli altri.

Il colore assume allora, da questo punto di vista, un significato più magico che simbolico; la granitica deriva formale verso un'esistenza estraniante ed estraniata diventa leggera modulazione cromatica volta a portare alla luce quello che si è visto nell'oscurità dello spirito, macchia di colore che stimola ad esperire uno stile di vita diretto a non interrompere il colloquio con noi stessi ma anzi volto a cercare la forza e l'ispirazione per vedere quanta bellezza e quanta luce ci circonda, mettendo in secondo piano la "triste ora dei lupi" per trasfigurare positivamente una realtà altrimenti insopportabile.

Nell'attualità dell'espressionismo dell'artista sta la radice di un'inquietudine istintiva che lo induce ad una fisionomia lontana anni luce dall'eleganza e dalla gradevolezza; sorta di distruzione che ripropone un simbolismo di sofferenza, parzialmente temperato dalla cromia, che torce le immagini, quasi come lingue di fuoco, assorbendone l'indubitabile pateticità e rivestendo le nostre tragiche consapevolezze con un tremulo chiarore in grado di generare un germe di speranza.

"A rafforzare questa visione sono le parole dell'artista che descrivono in questo modo il ciclo pittorico dal tema Facce Nuove / Vecchi Sistemi: ho vissuto il parto di queste opere come un presagio... gli esseri umani vivranno un'epoca di nuovo terrore e alienazione?

Osservando questi acquarelli la risposta potrebbe essere quella dell'Urlo di Munch, dove lo stesso artista ha provato a trasmettere un po' della sua angoscia, una sofferenza personale che prende forma nella società dell'epoca e diventa quel sentire comune da cui non è possibile sottrarsi.

Così Chiodo, ai giorni nostri, avverte un dolore simile, un disagio tale che lo porta a scrivere queste parole: parlare apertamente è diventato difficile e talvolta persino pericoloso; avere il proprio punto di vista può essere fatale: qualunque sia l'argomento. In un'epoca in cui l'etica e la morale sono state abolite, abbiamo un'ipocrisia trionfante del bene e del male... e tutto dipende da quale parte dell'ordine mondiale si sta."

Filippo Rolla

"FACCE NUOVE / VECCHI SISTEMI"
Filippo Rolla

L'artista poliedrico Alessandro Chiodo dipinge su carta, con tecnica dell'acquarello, volti con un collo che evoca il periodo delle "dame dal collo lungo", ritratti femminili stilizzati ed affusolati, dell'affascinante bohémien Amedeo Modigliani.

Tuttavia i suoi volti stilizzati ed i colli affusolati ricordano ben poco la sensualità o il luogo dei baci e delle carezze parigine di Modì e semmai trasmettono, nella forma e nei colori, un malessere dell'animo e ci restituiscono la descrizione di uno stato d'animo in cui spaesamento e solitudine emergono in maniera manifesta. Infatti, nel tratto di Chiodo veloce e leggero, con poca attenzione alla figurazione, affiora una immediatezza espressiva androgina che racchiude in sé tutte le problematiche e gli interrogativi della contemporaneità sempre più digitale e virtuale.

A rafforzare questa visione sono le parole dell'artista che descrivono in questo modo il ciclo pittorico dal tema Facce Nuove / Vecchi Sistemi: ho vissuto il parto di queste opere come un presagio... gli esseri umani vivranno un'epoca di nuovo terrore e alienazione?

Osservando questi acquarelli la risposta potrebbe essere quella dell'Urlo di Munch, dove lo stesso artista ha provato a trasmettere un po' della sua angoscia, una sofferenza personale che prende forma nella società dell'epoca e diventa quel sentire comune da cui non è possibile sottrarsi.

Così Chiodo, ai giorni nostri, avverte un dolore simile, un disagio tale che lo porta a scrivere queste parole: parlare apertamente è diventato difficile e talvolta persino pericoloso; avere il proprio punto di vista può essere fatale: qualunque sia l'argomento. In un'epoca in cui l'etica e la morale sono state abolite, abbiamo un'ipocrisia trionfante del bene e del male... e tutto dipende da quale parte dell'ordine mondiale si sta.

Una società contemporanea dove la finanza, la tecnocrazia, attraverso la rete, gestiscono le fila degli interessi, delle relazioni e della politica, senza critiche ed opposizioni, perché comunque vada è loro interesse ed in quella direzione hanno investito tempo e denaro.

Non è più la generazione della rete di quelli della notte o del materasso di Renzo Arbore che, dopo varie peripezie, era il massimo che c'è; oggi si profila una nuova fase, una rete con problematiche di gestione e di controllo.

Una gestione e un controllo dei nostri dati che vengono venduti come se fossero alimenti per eliminare la fame nel mondo, gestiti da una privacy impeccabile ed da un apparente senso di sicurezza e di tutela mai visti.

Una rete che ormai è parte completa del nostro tempo e spazio dove le nostre relazioni umane interagiscono sempre di più e sempre più velocemente per mezzo di una comunicazione informativa e persuasiva ma sempre meno riflessiva, autoreferente, dove ciò che era alla base del contatto umano, ascolto ed empatia, sono banditi.

Forse queste facce nuove dipinte da Alessandro Chiodo ci vogliono ricordare che per resistere a tutti questi cambiamenti, dalla tecnologia al clima, bisogna aver dentro di sé quella pazienza che ci porta ad esser antifragile verso tutte quelle avversità che dipendono da noi e quelle che non dipendono da noi, e che rendono attualissima e preziosa la frase del filosofo Epitteto: non è ciò che ti accade, ma come reagisci, che ha importanza.

Sembra quasi che ci vogliano suggerire quell'atteggiamento antifragile descritto da Nassim Nicholas Taleb, matematico e filosofo, in questo modo: certe cose traggono vantaggio dagli scossoni; prosperano e crescono quando sono esposte alla volatilità, al caso, al disordine e ai fattori di stress, e amano l'avventura, il rischio e l'incertezza.

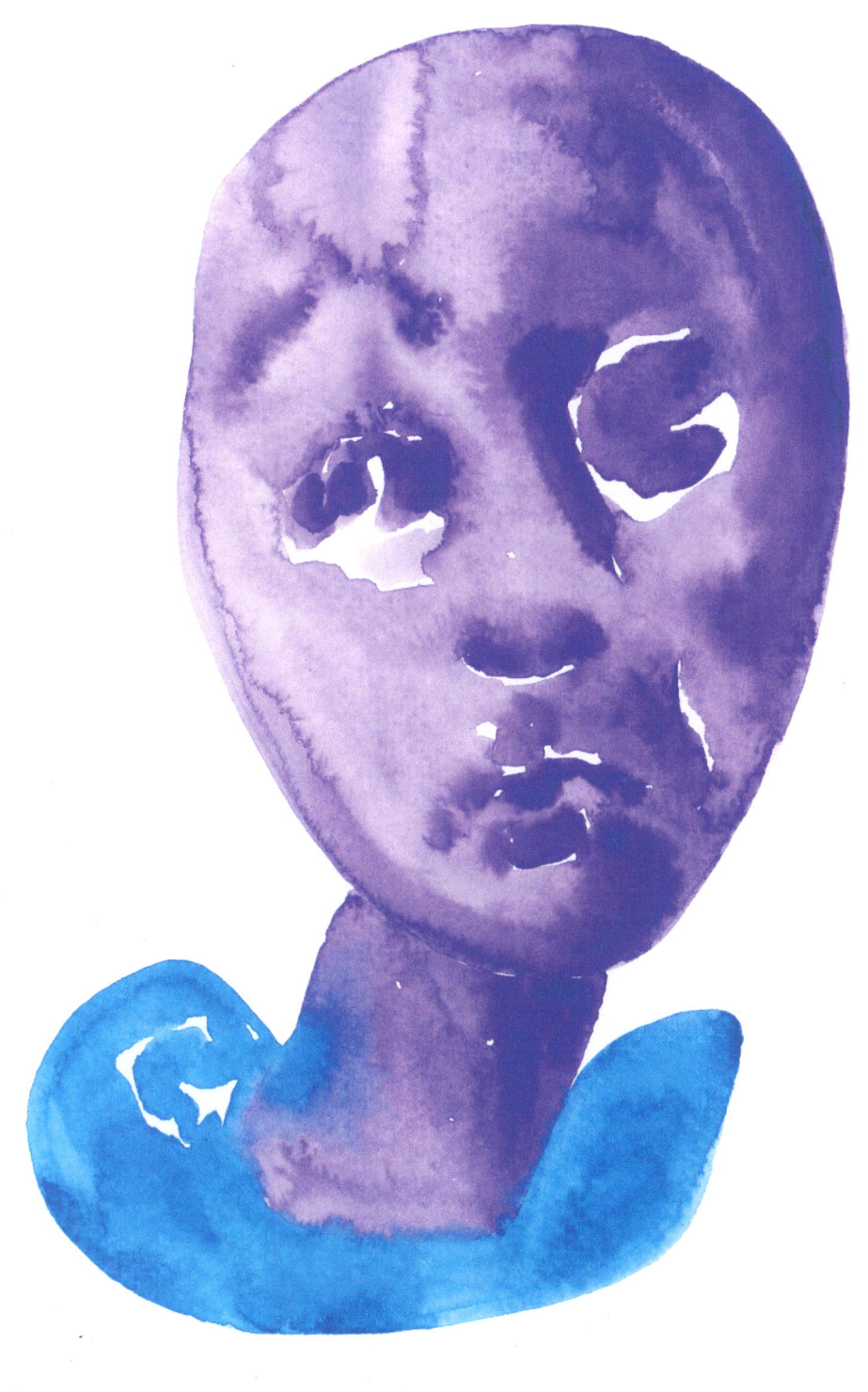

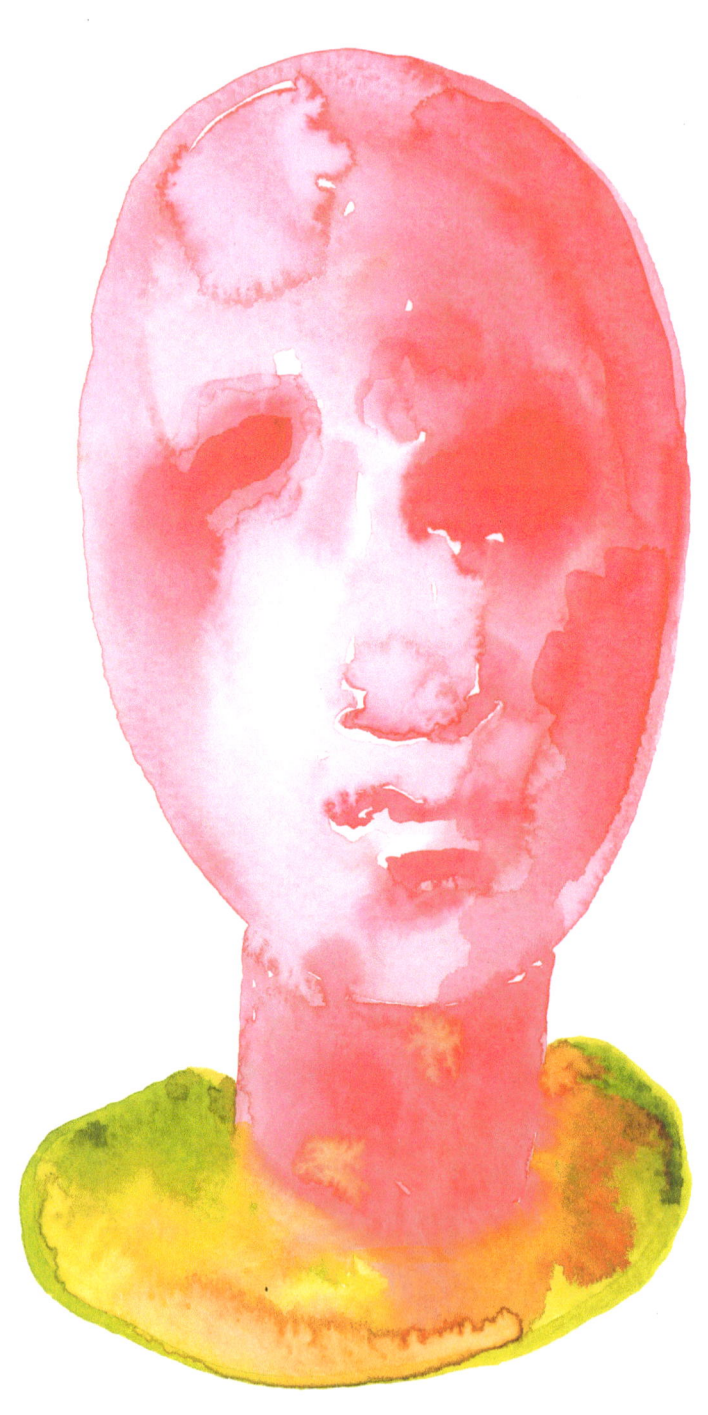

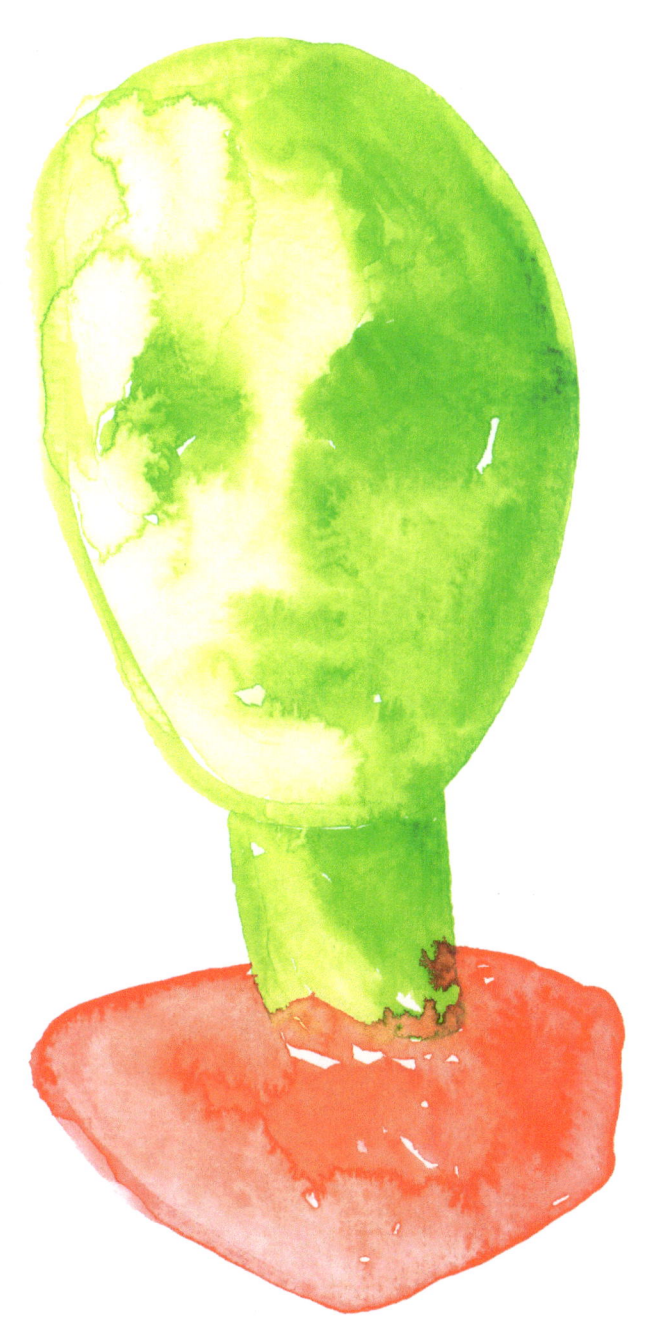

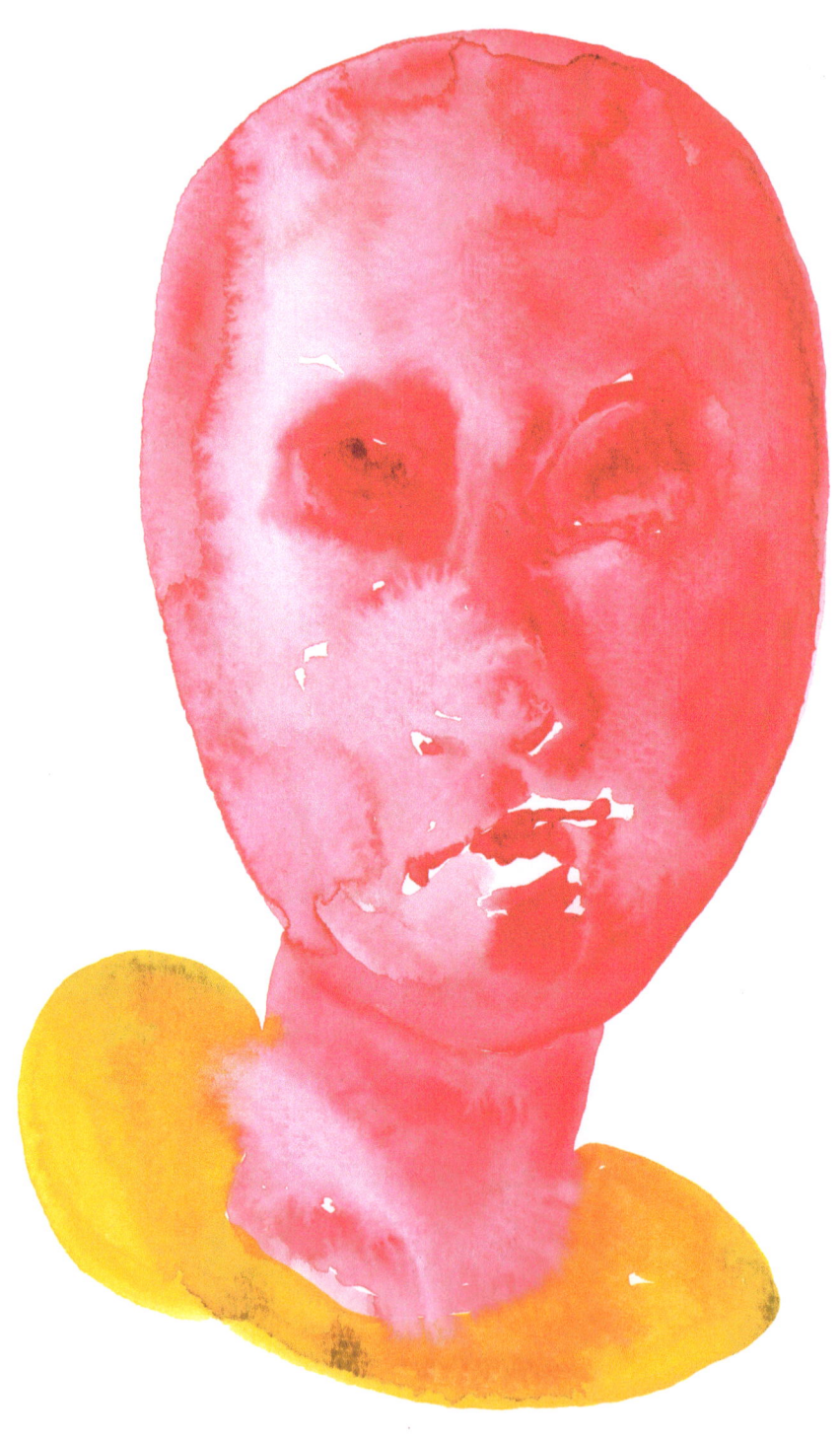

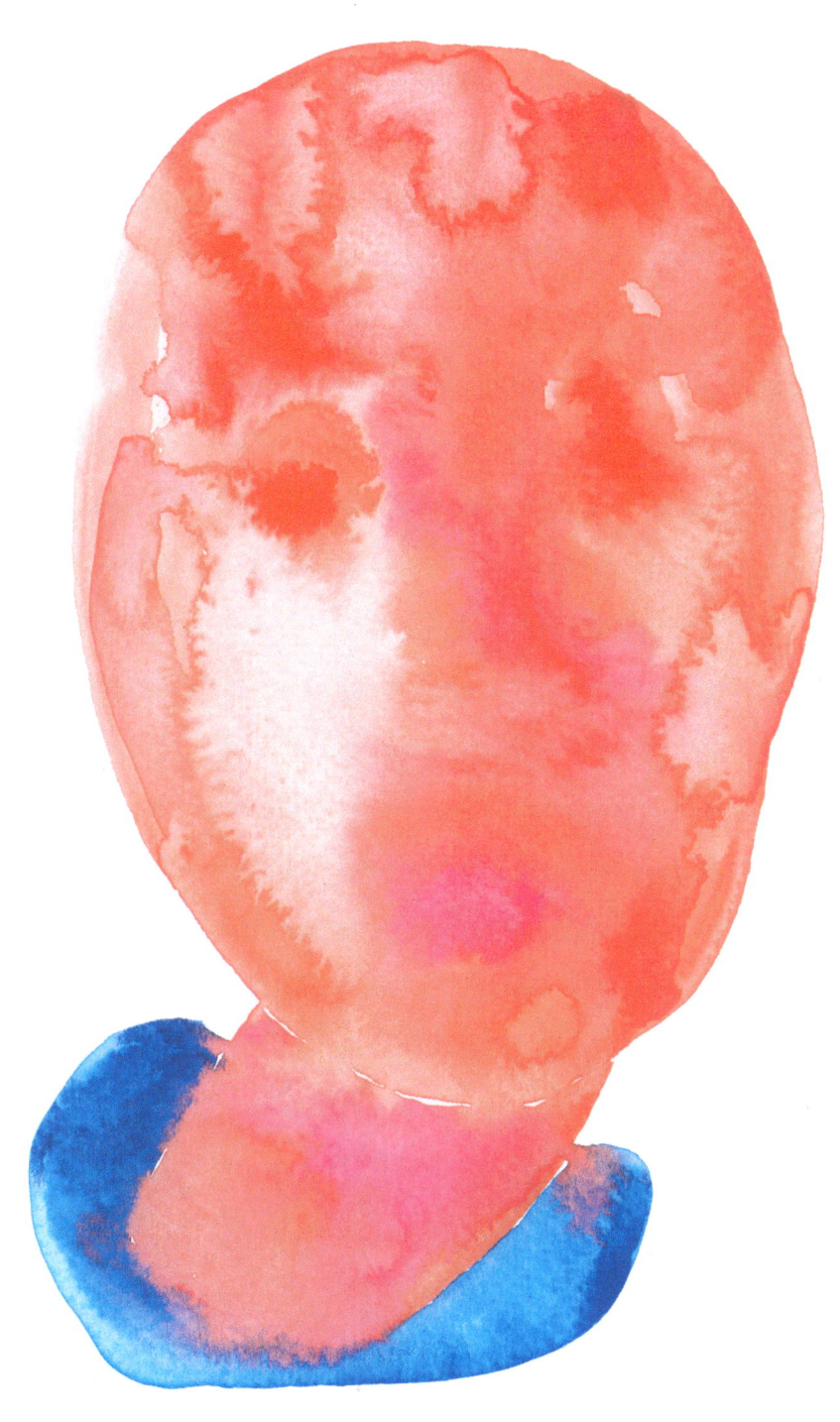

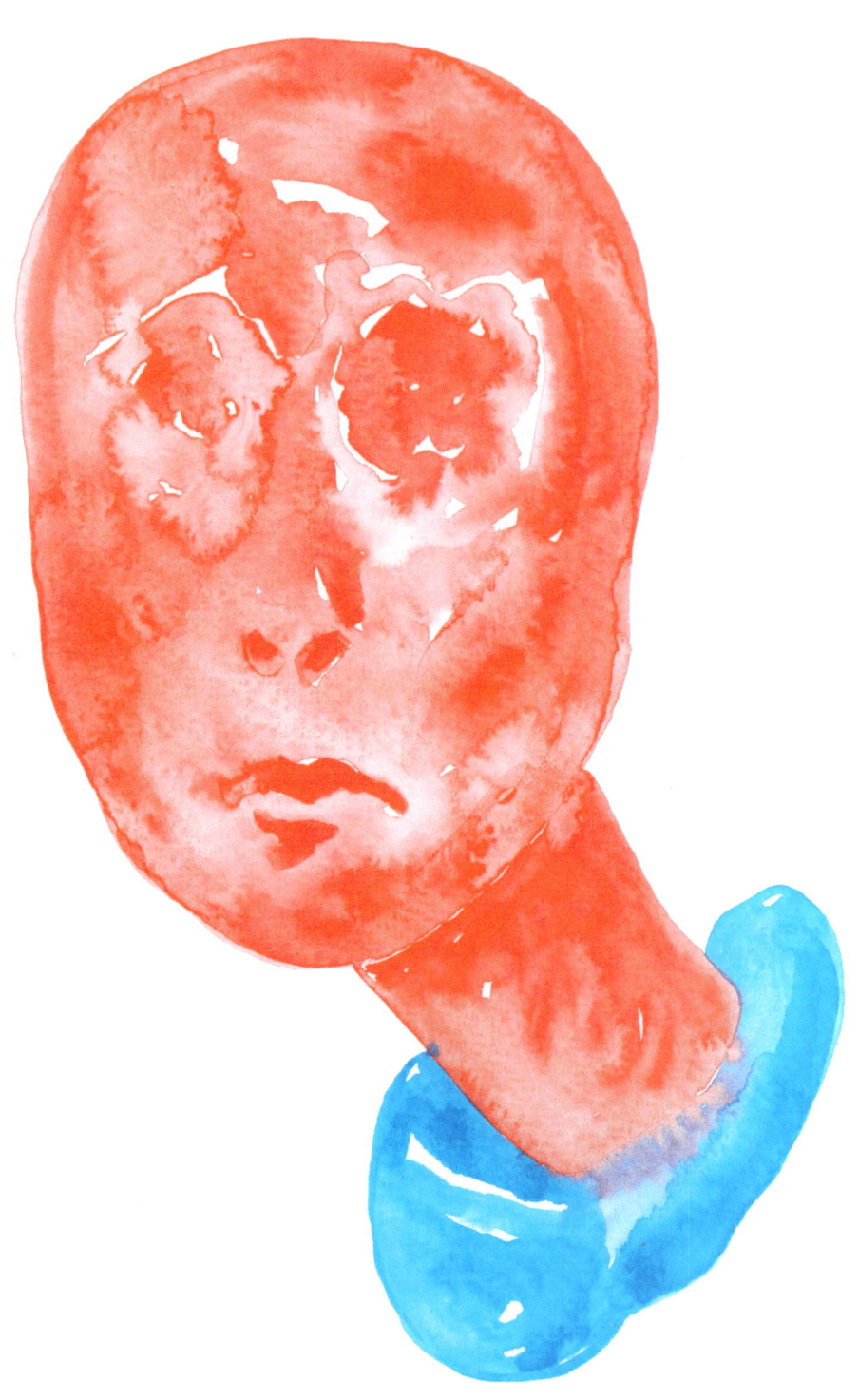

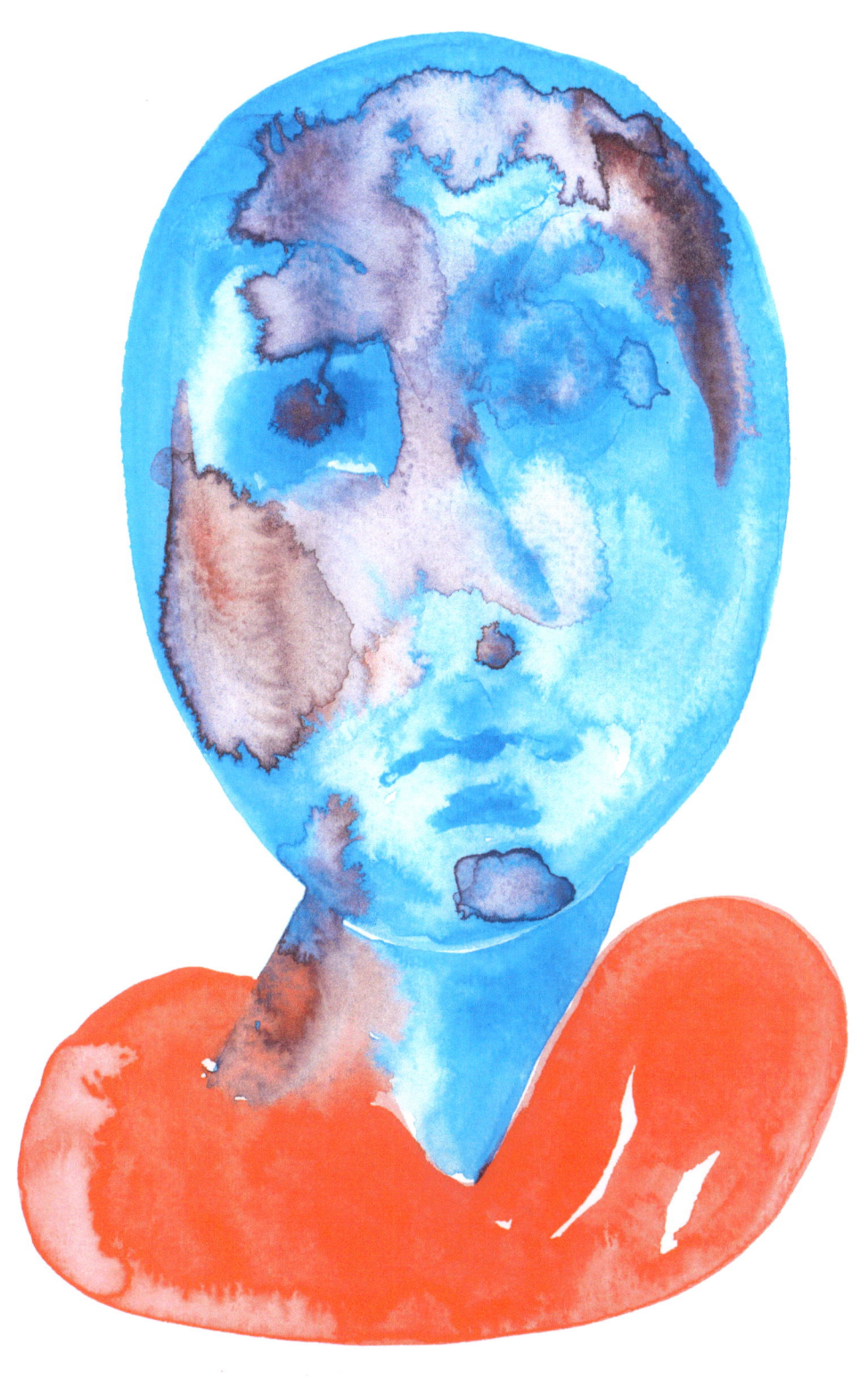

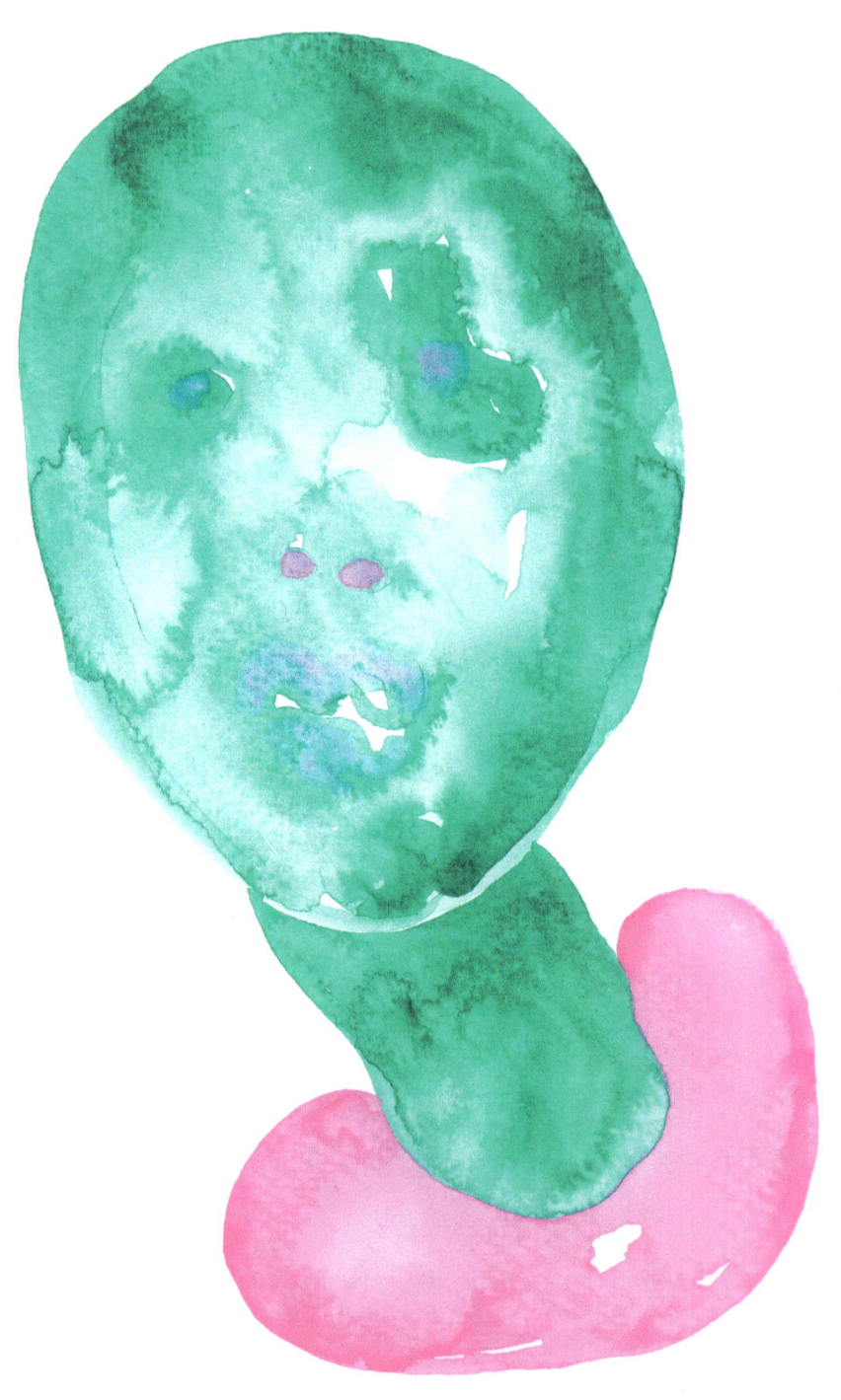

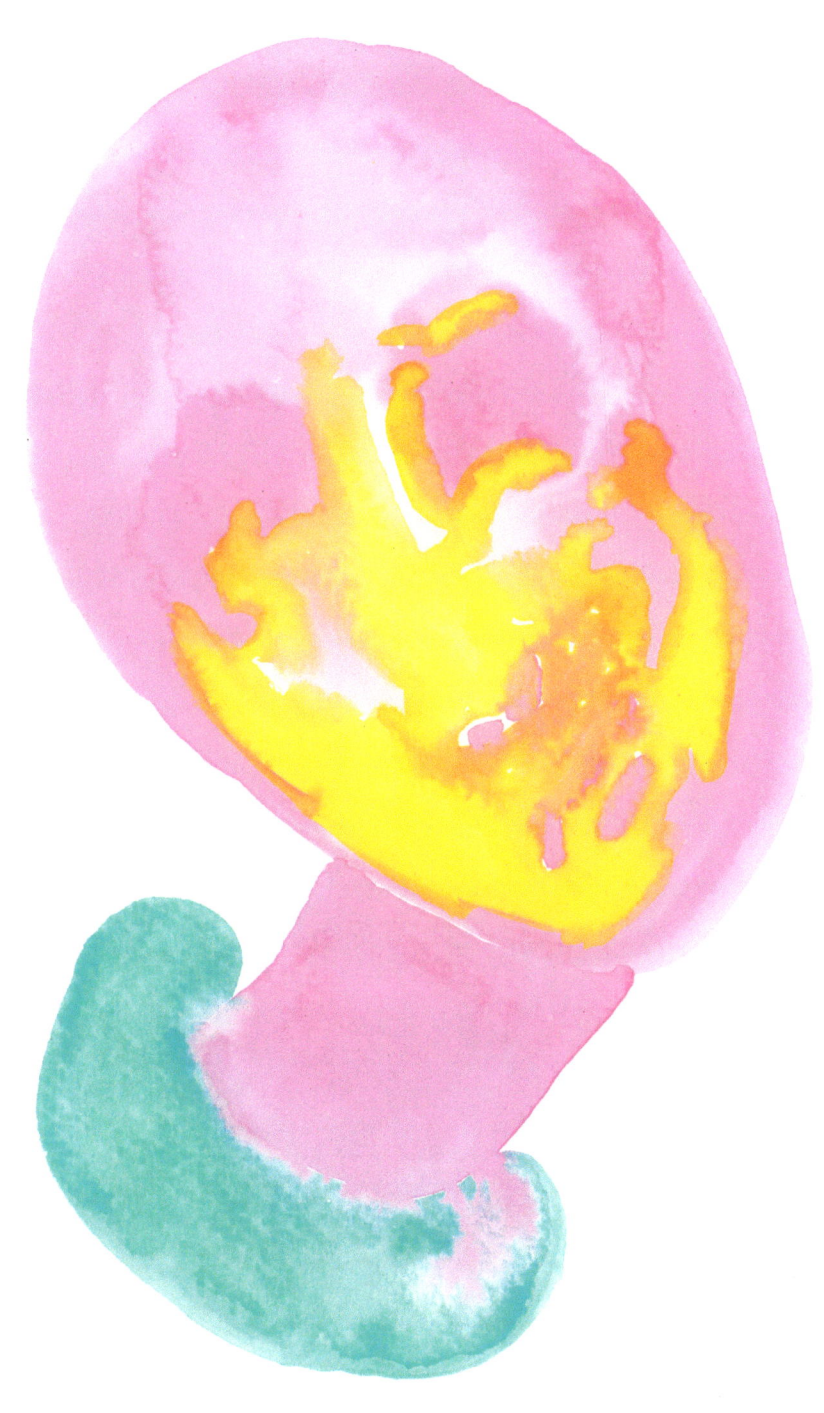

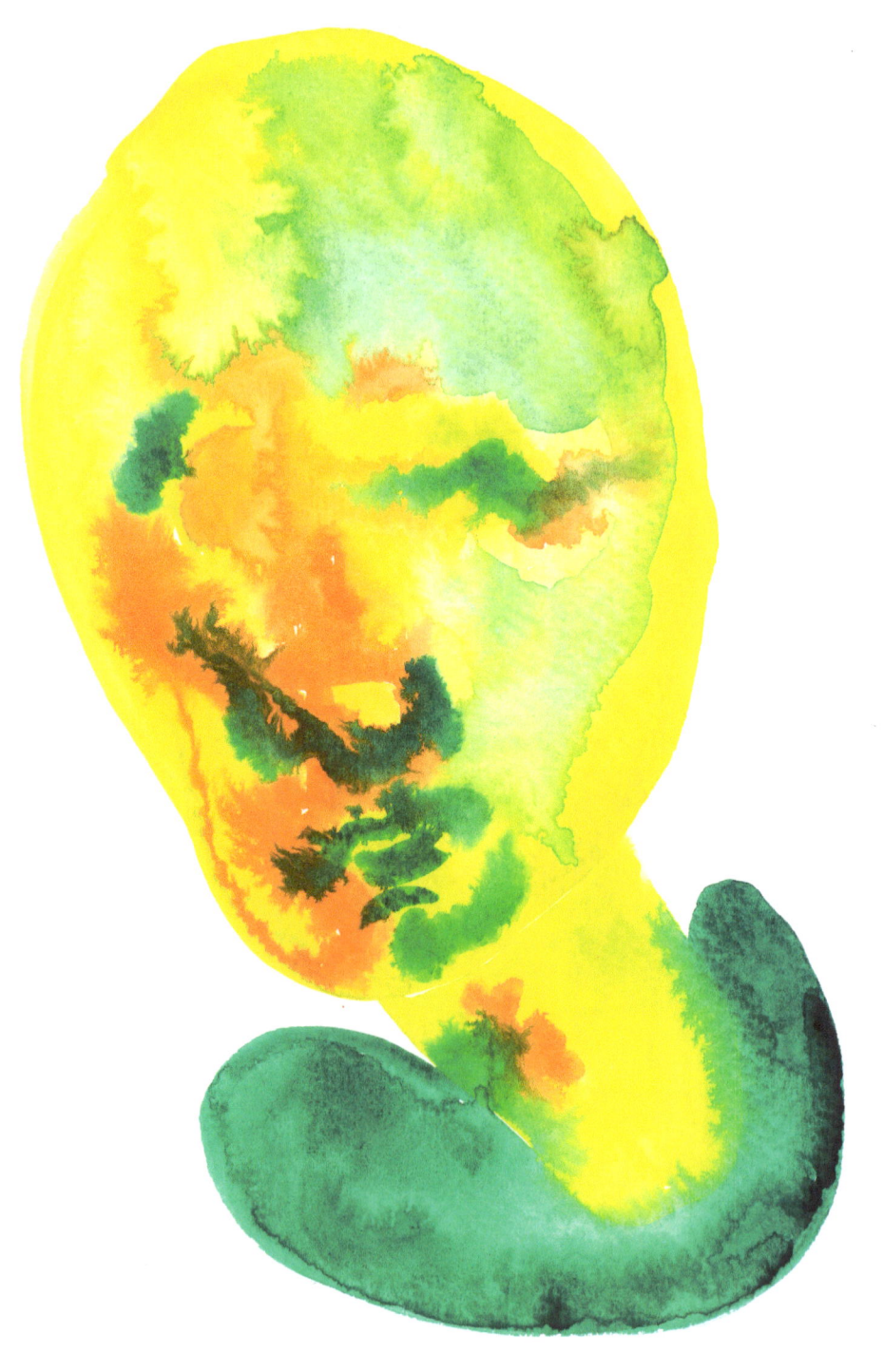

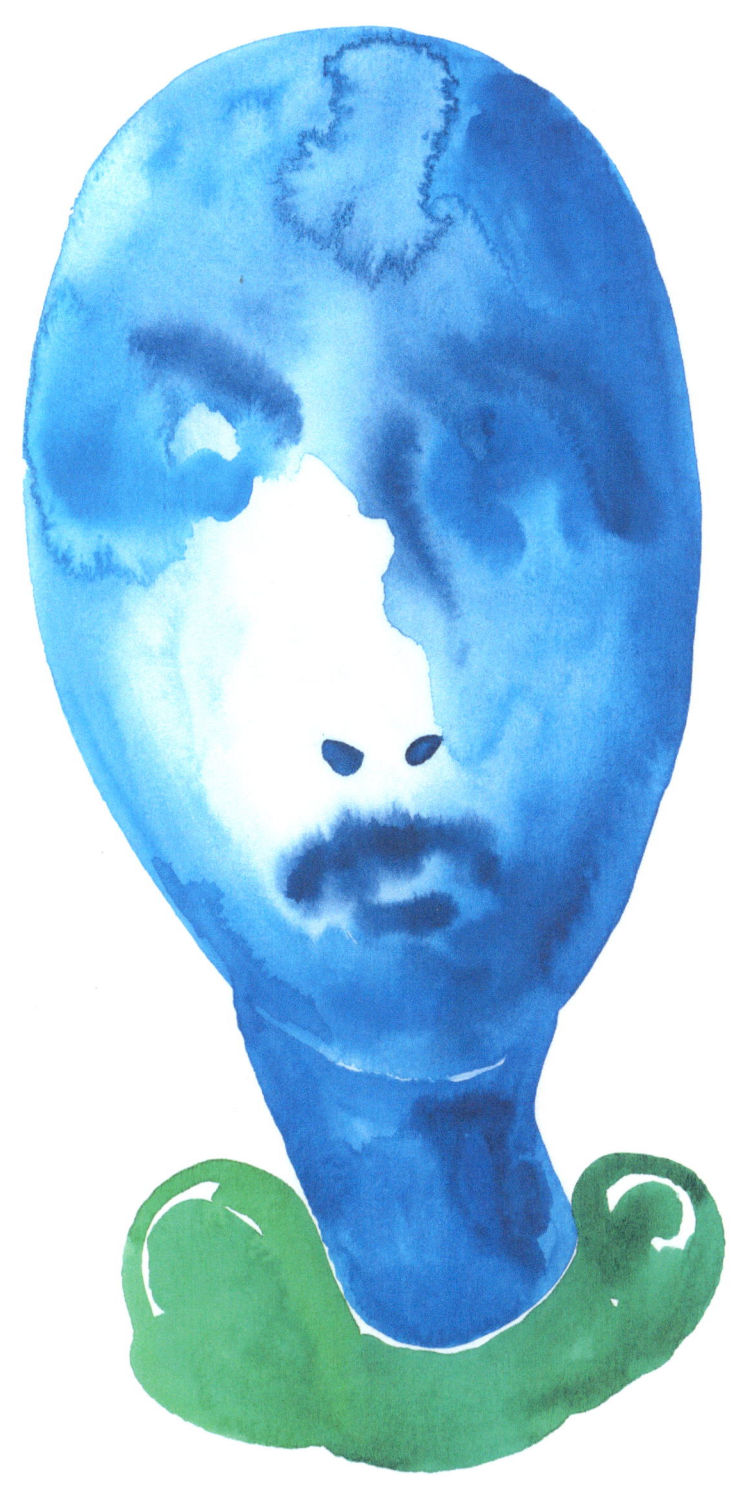

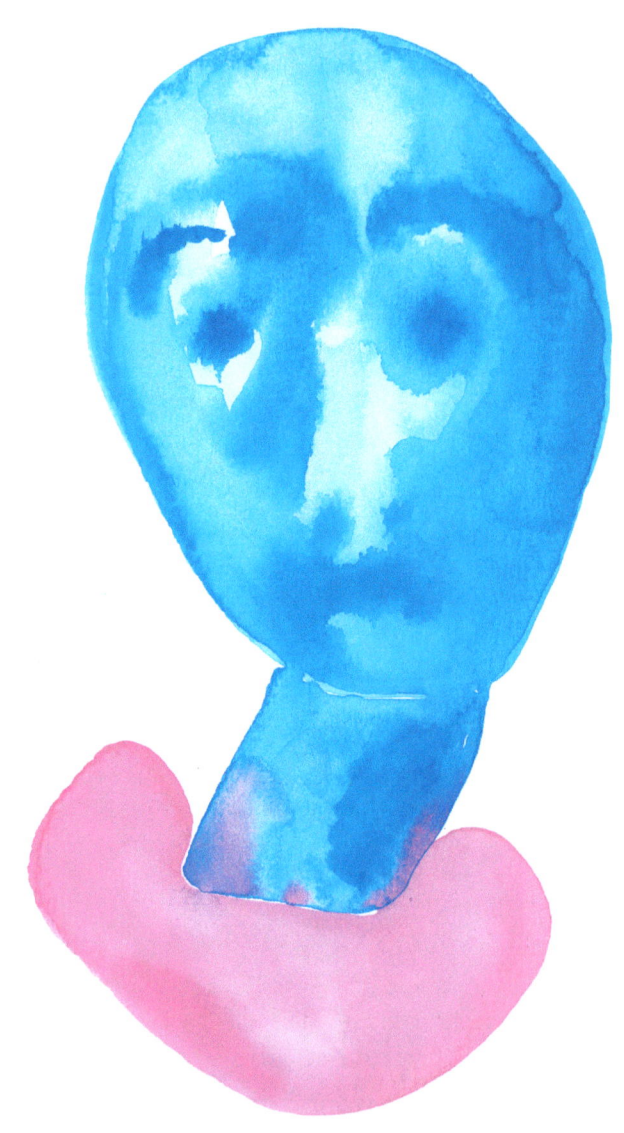

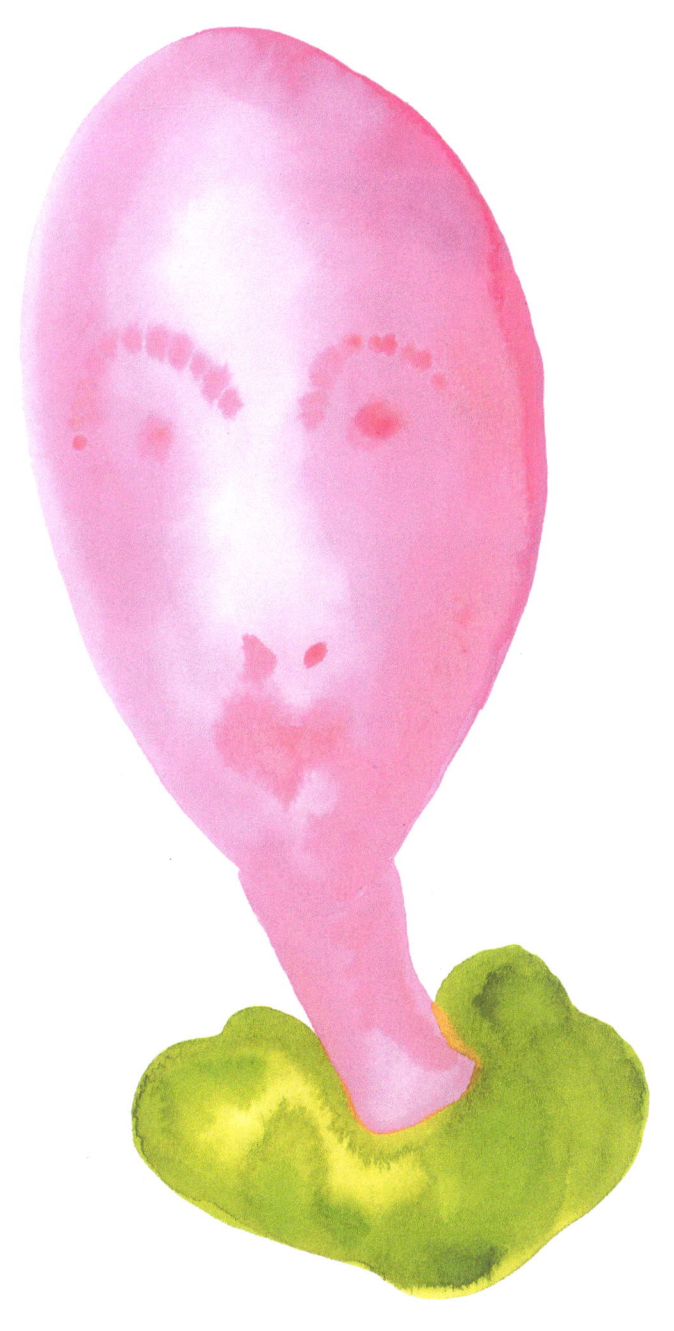

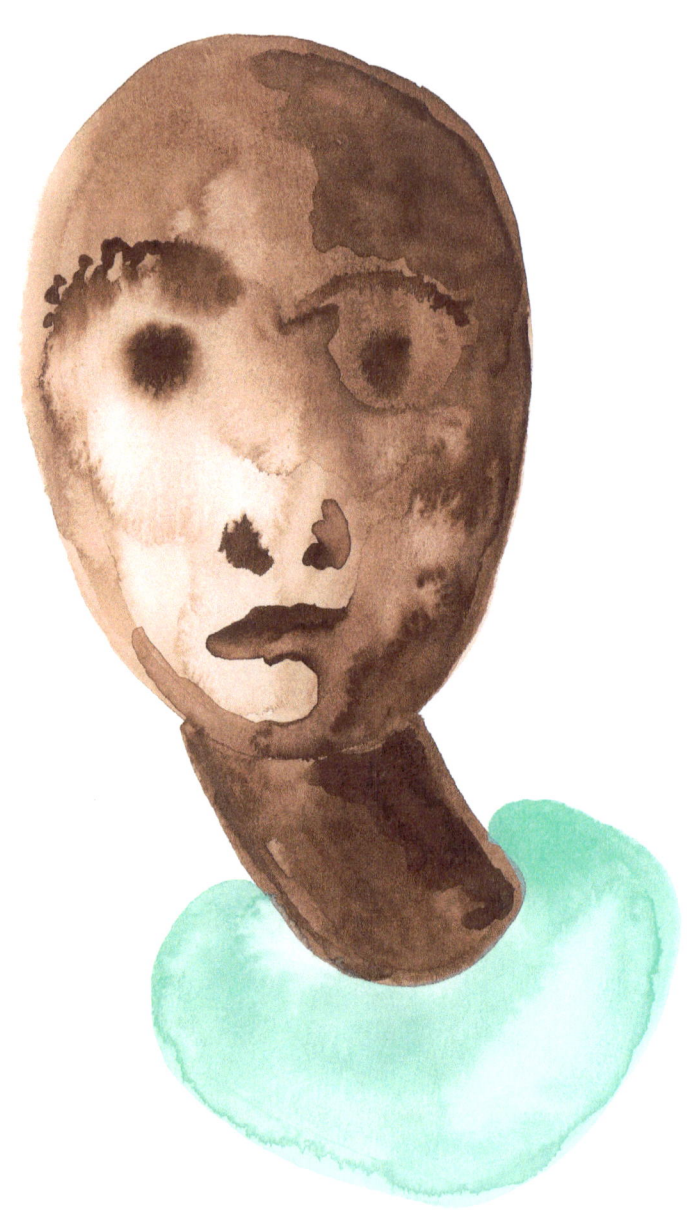

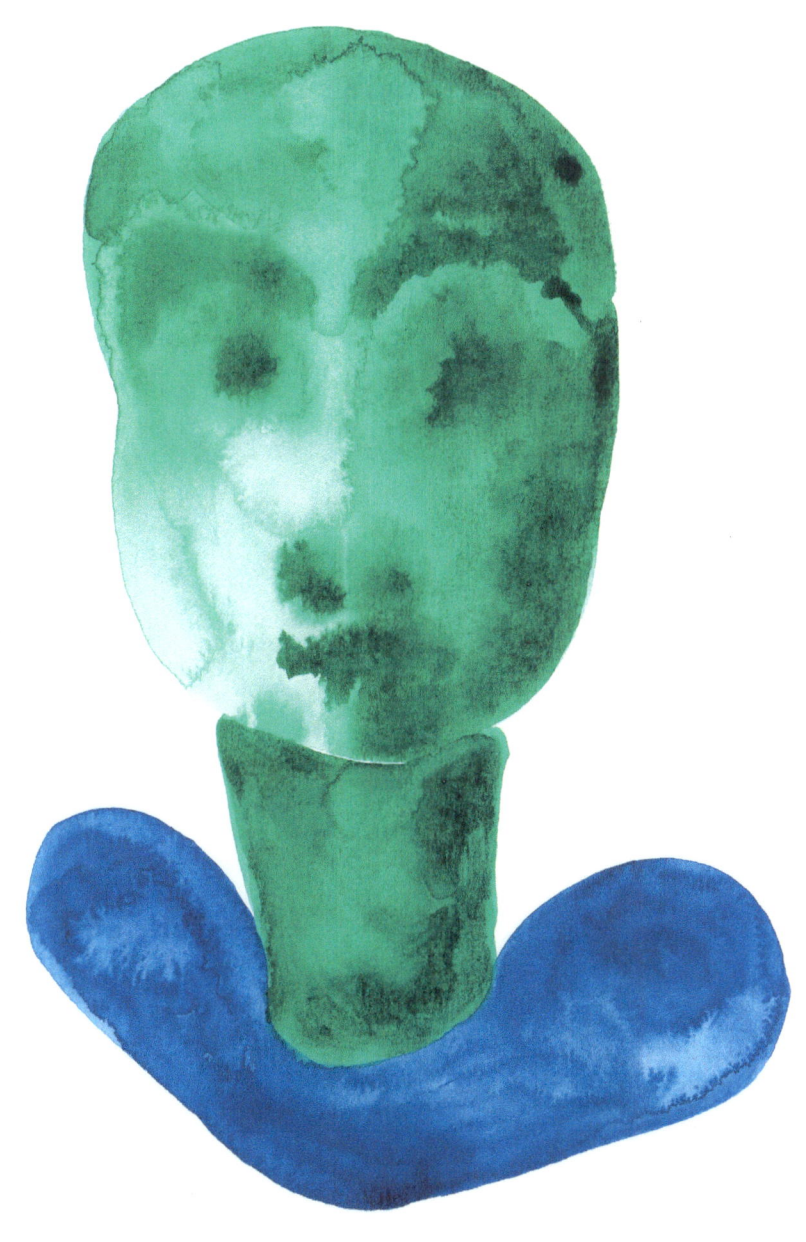

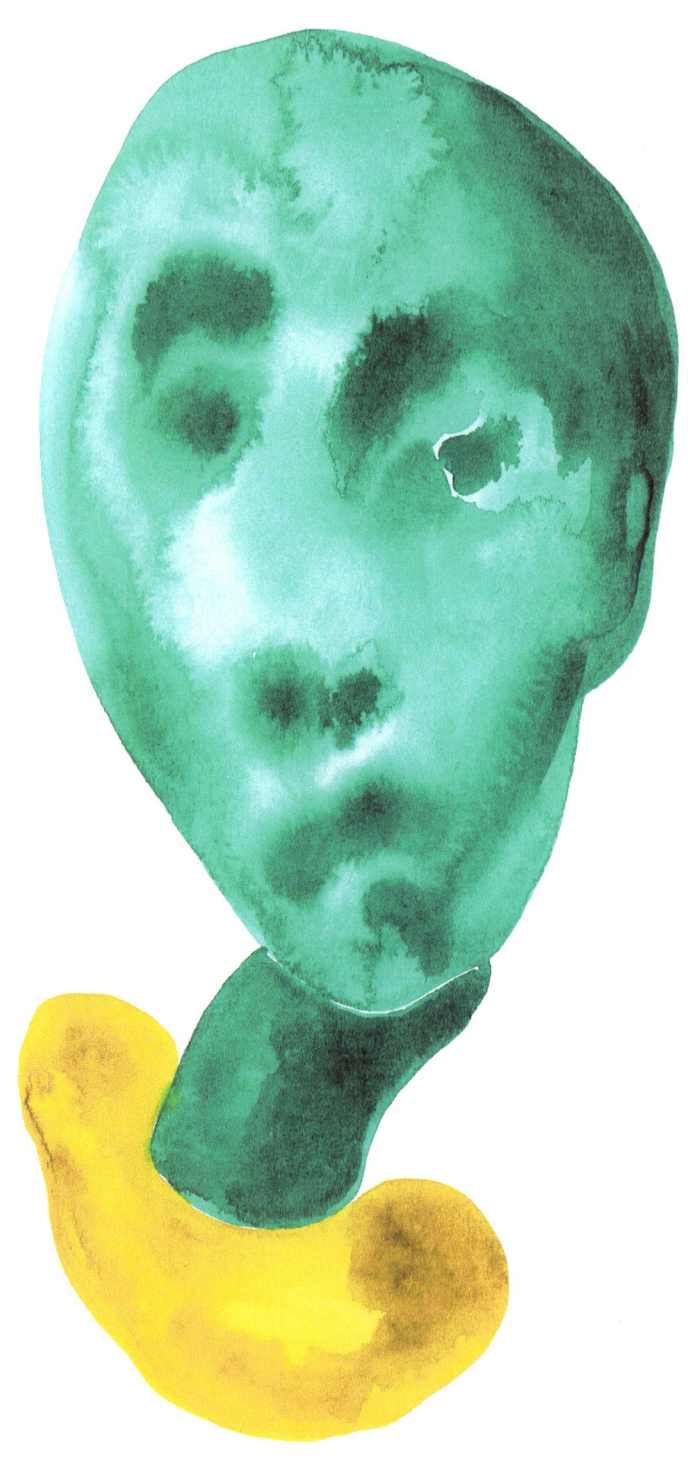

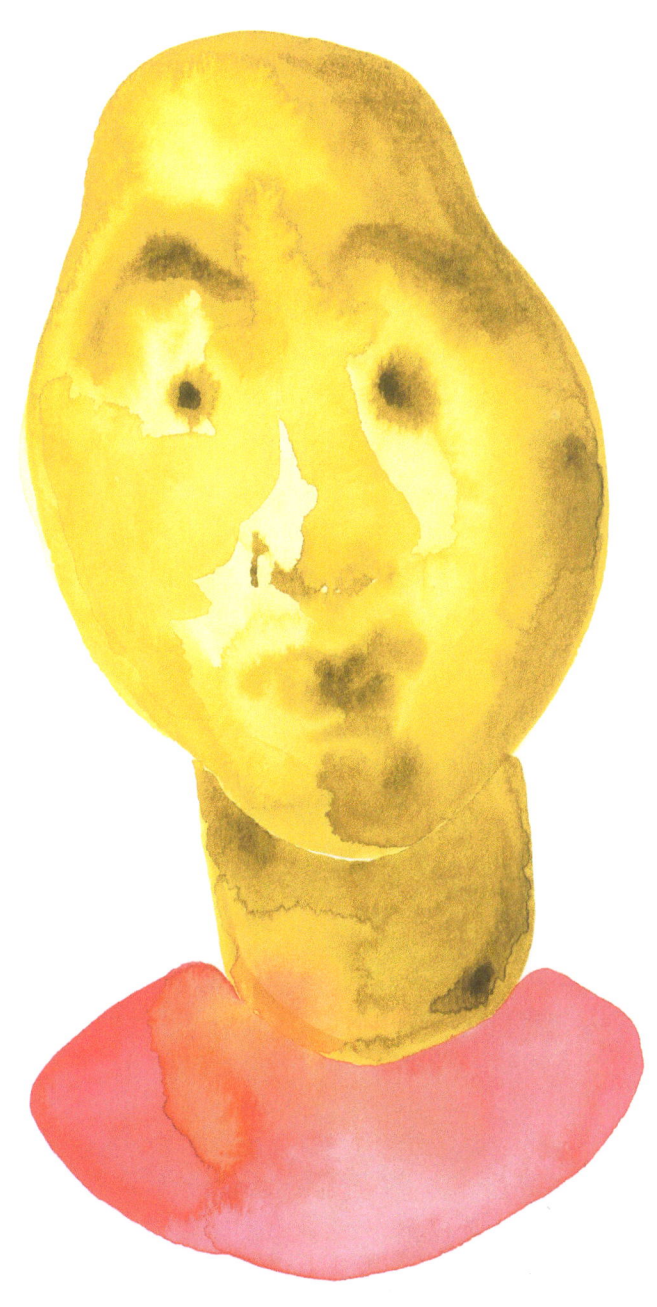

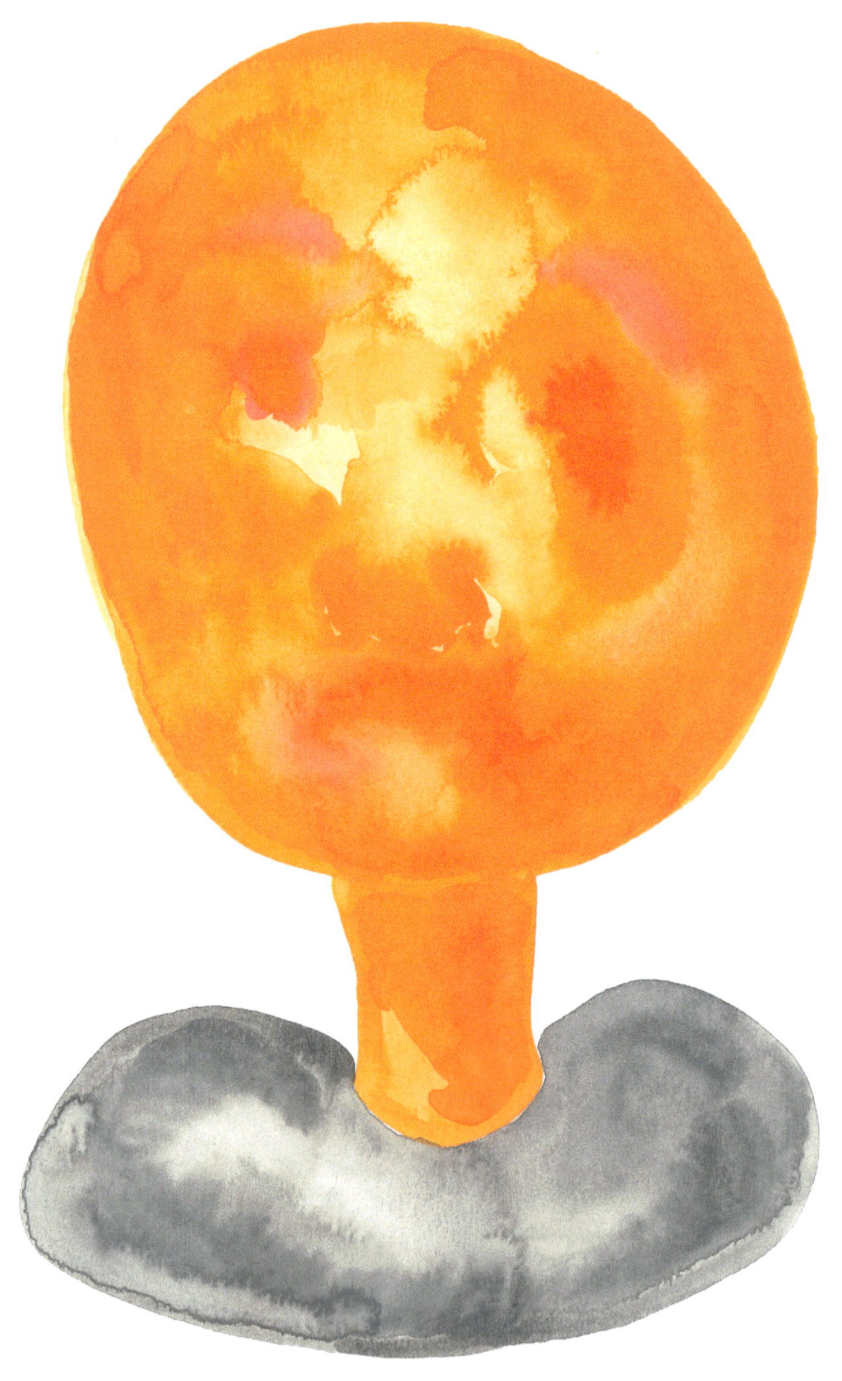

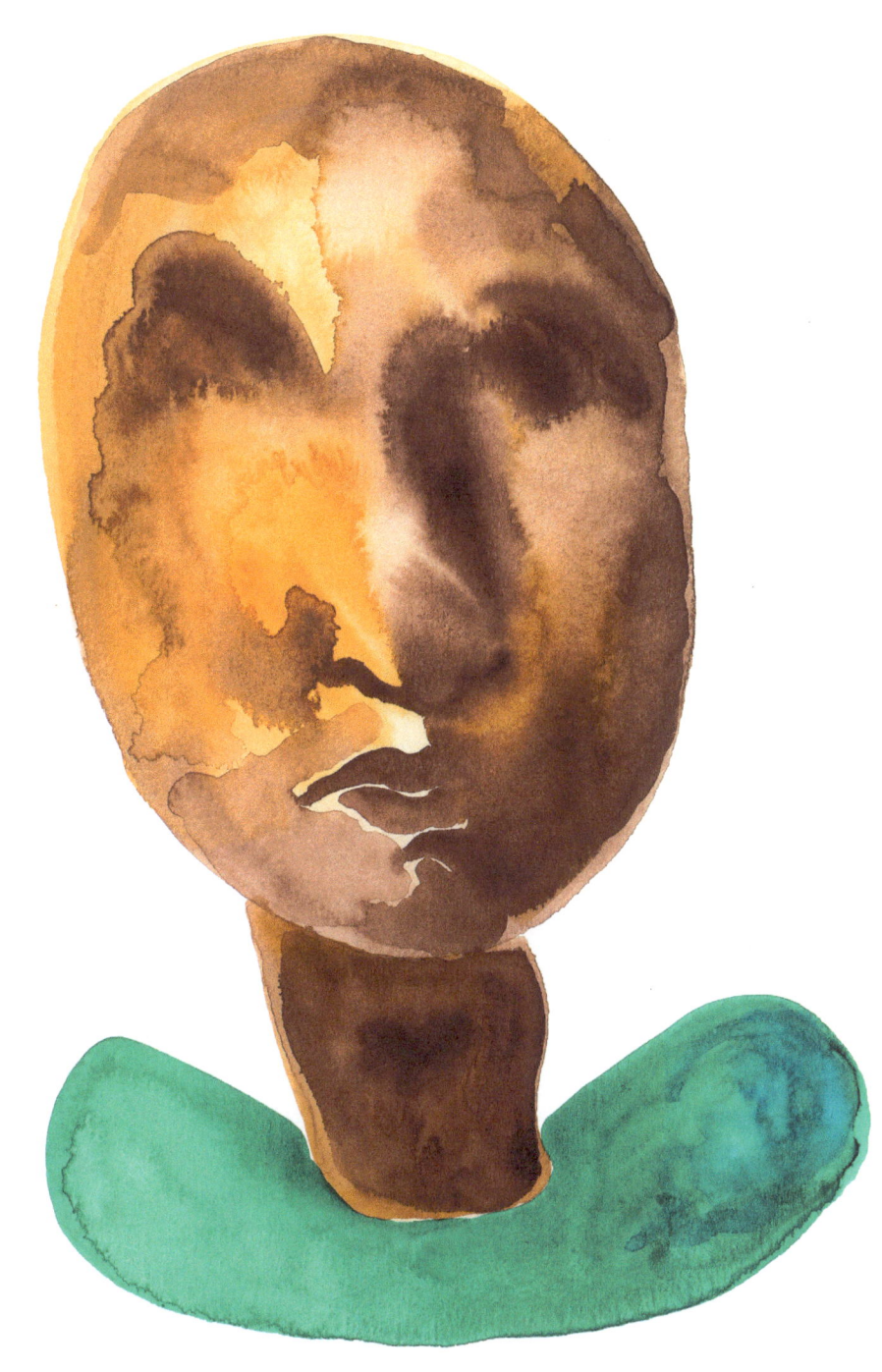

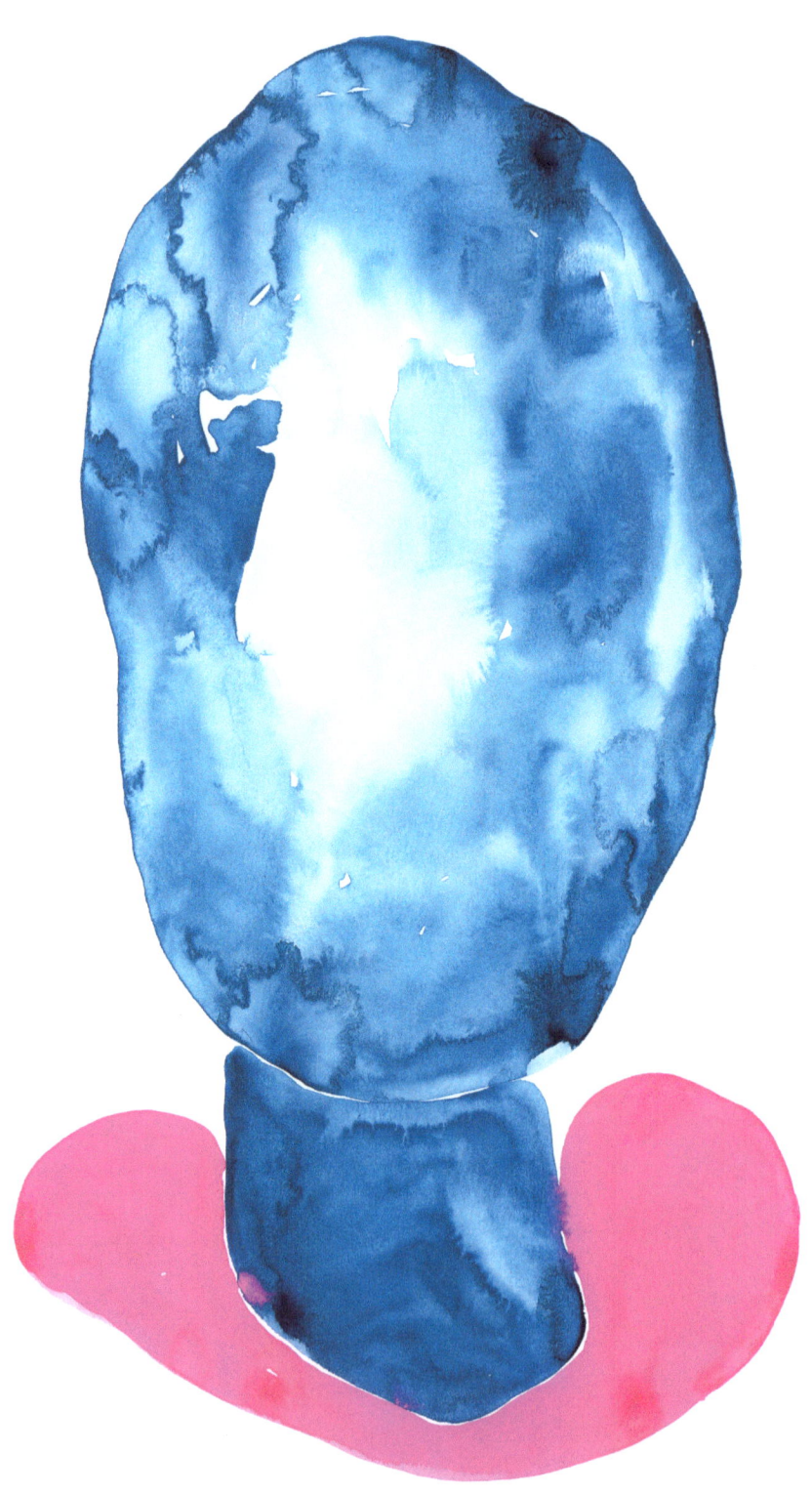

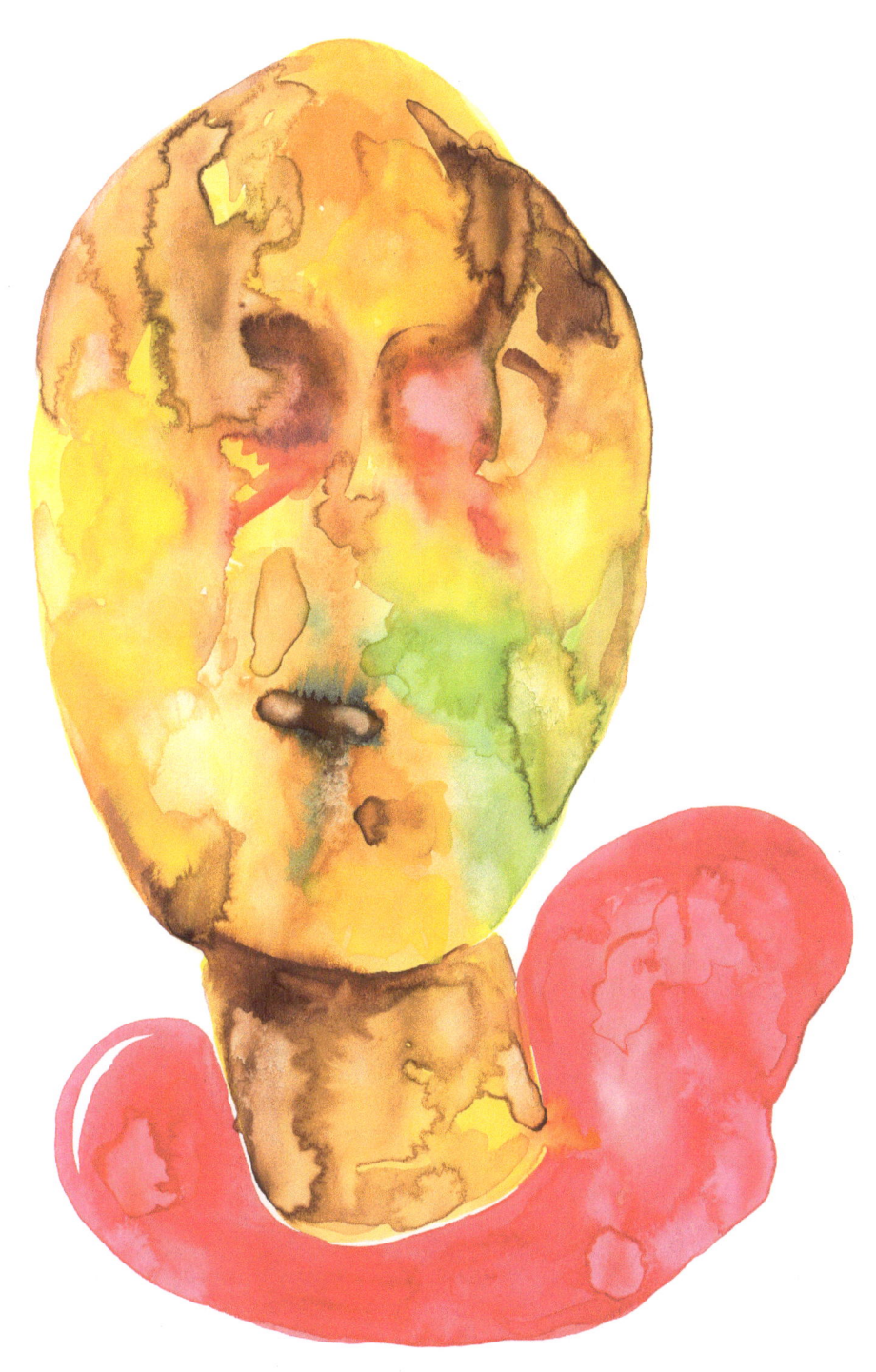

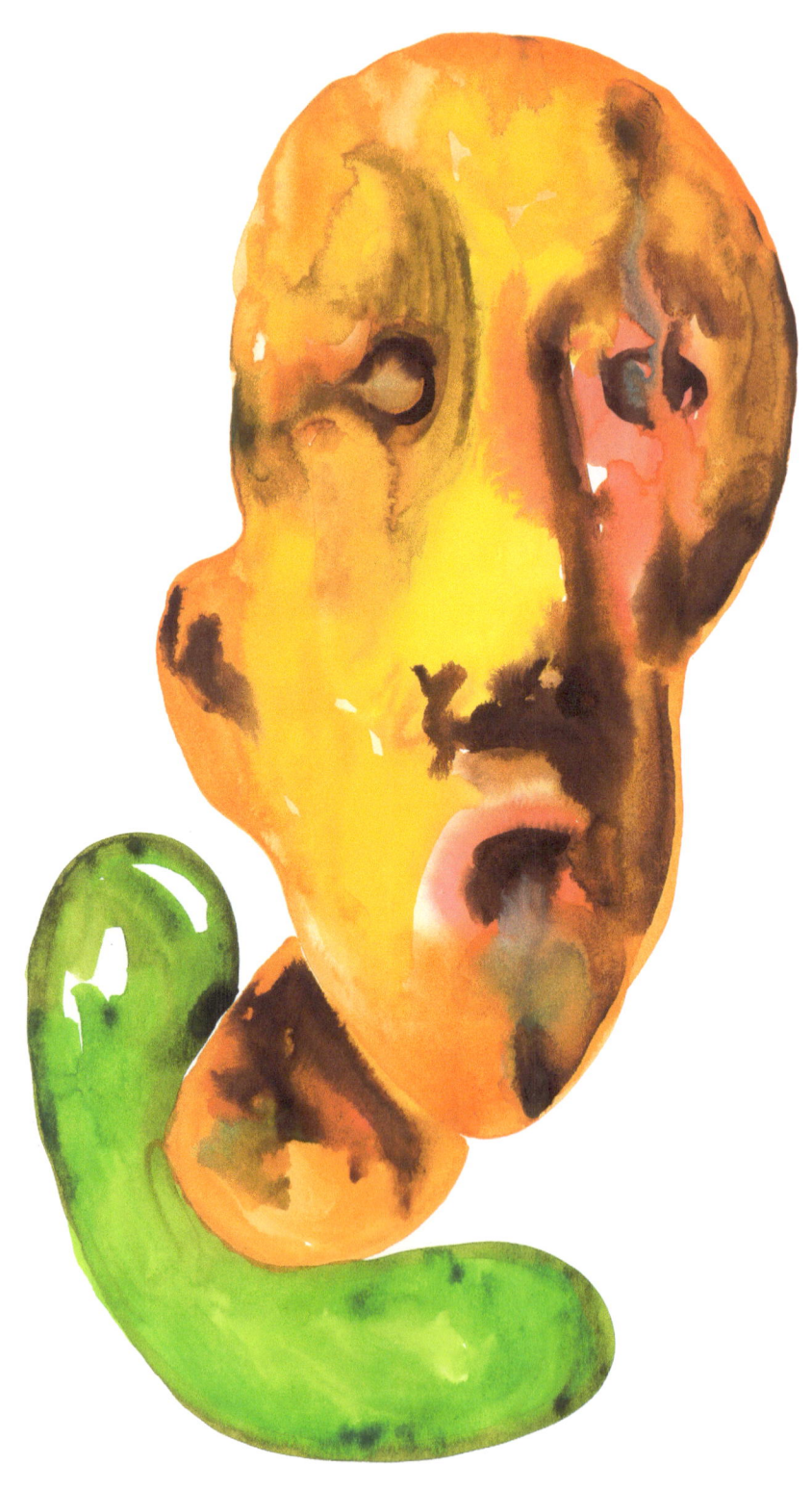

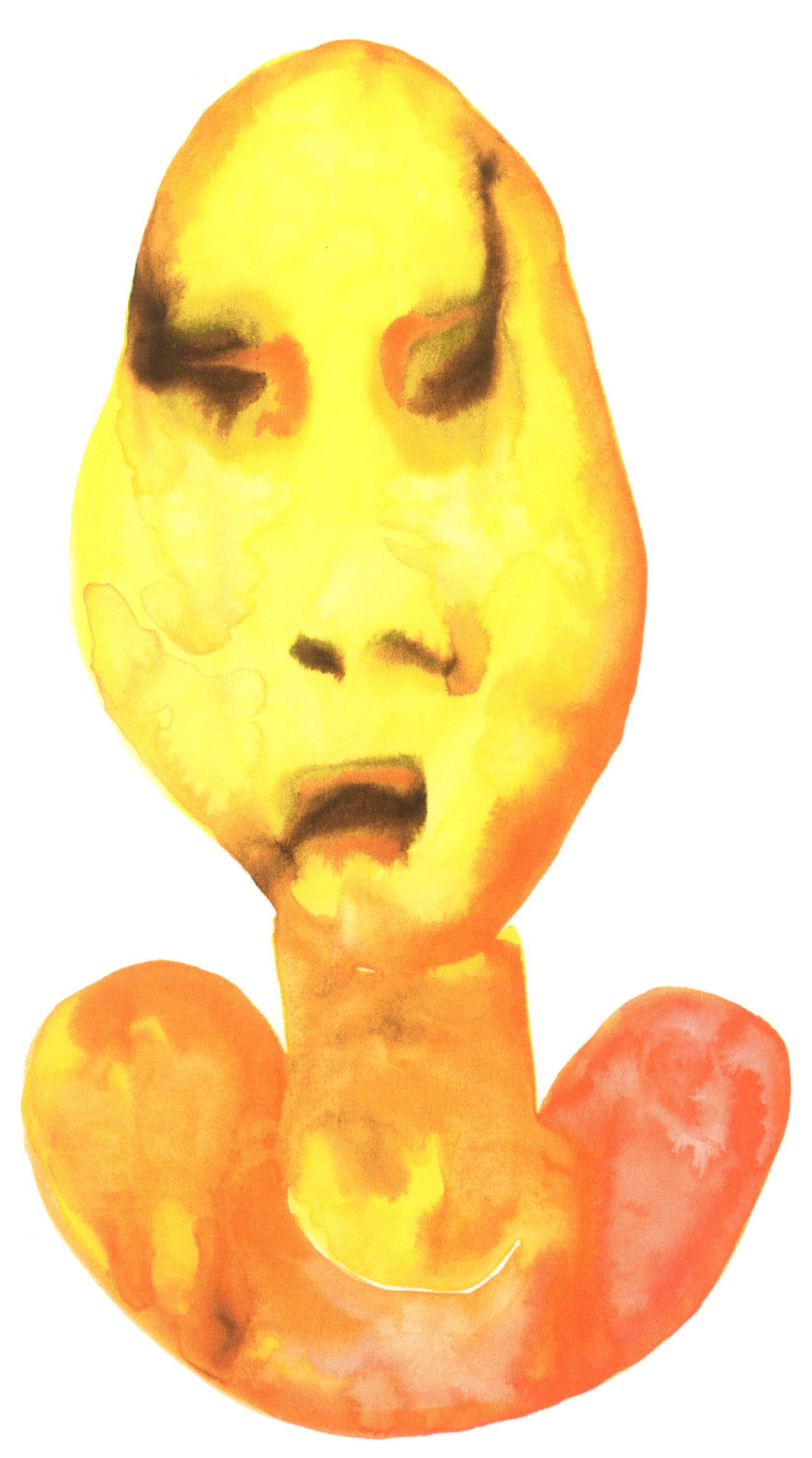

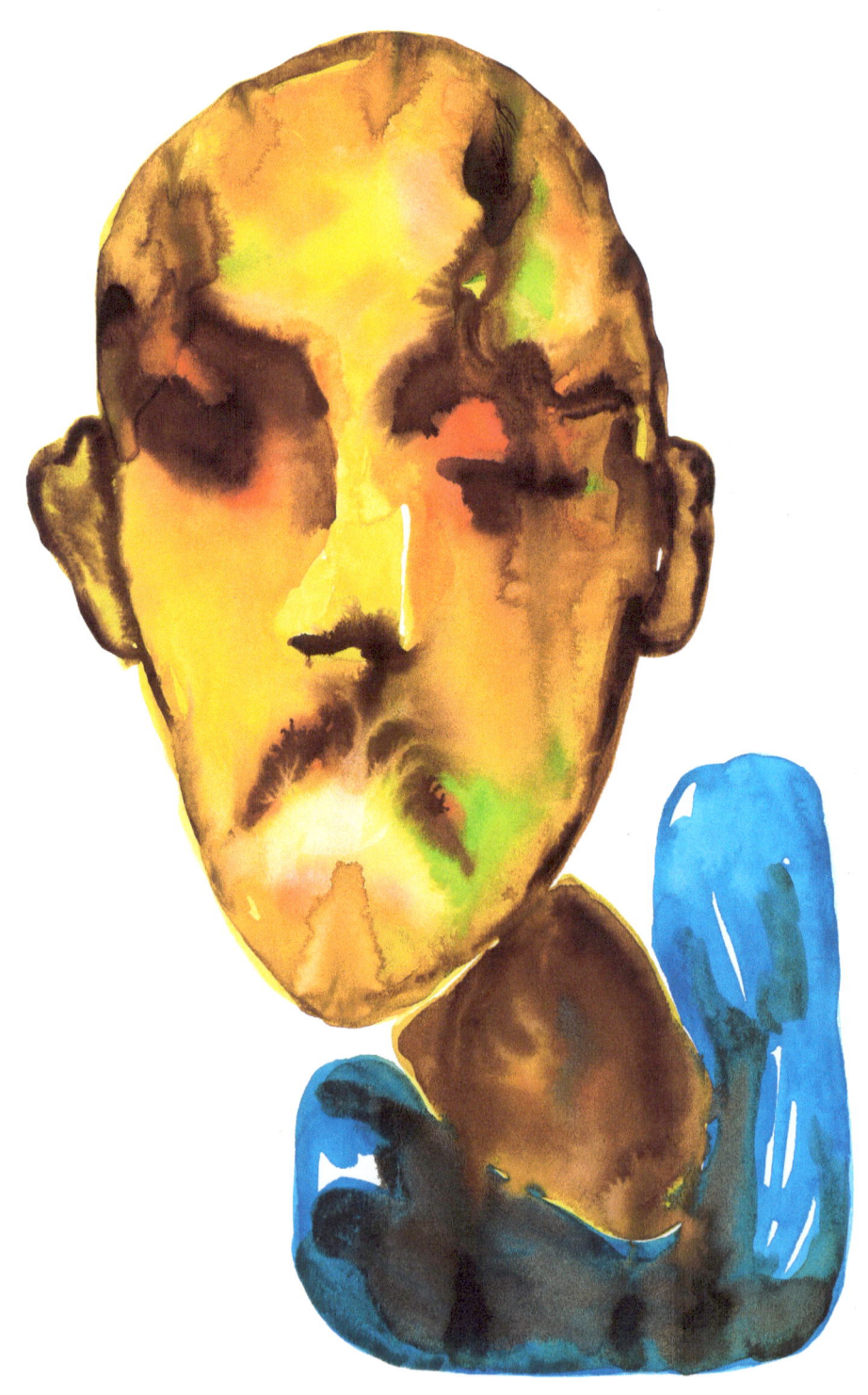

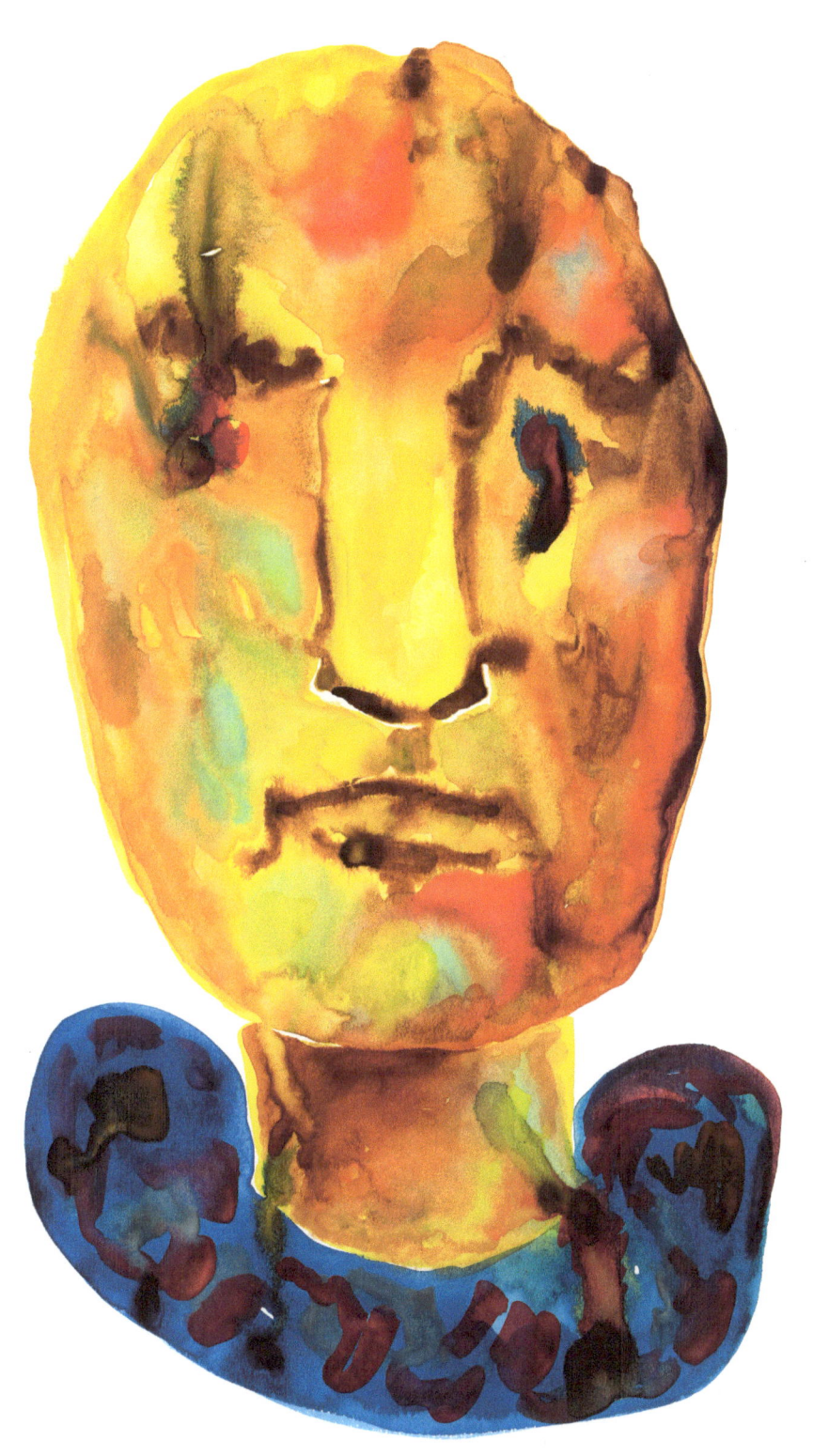

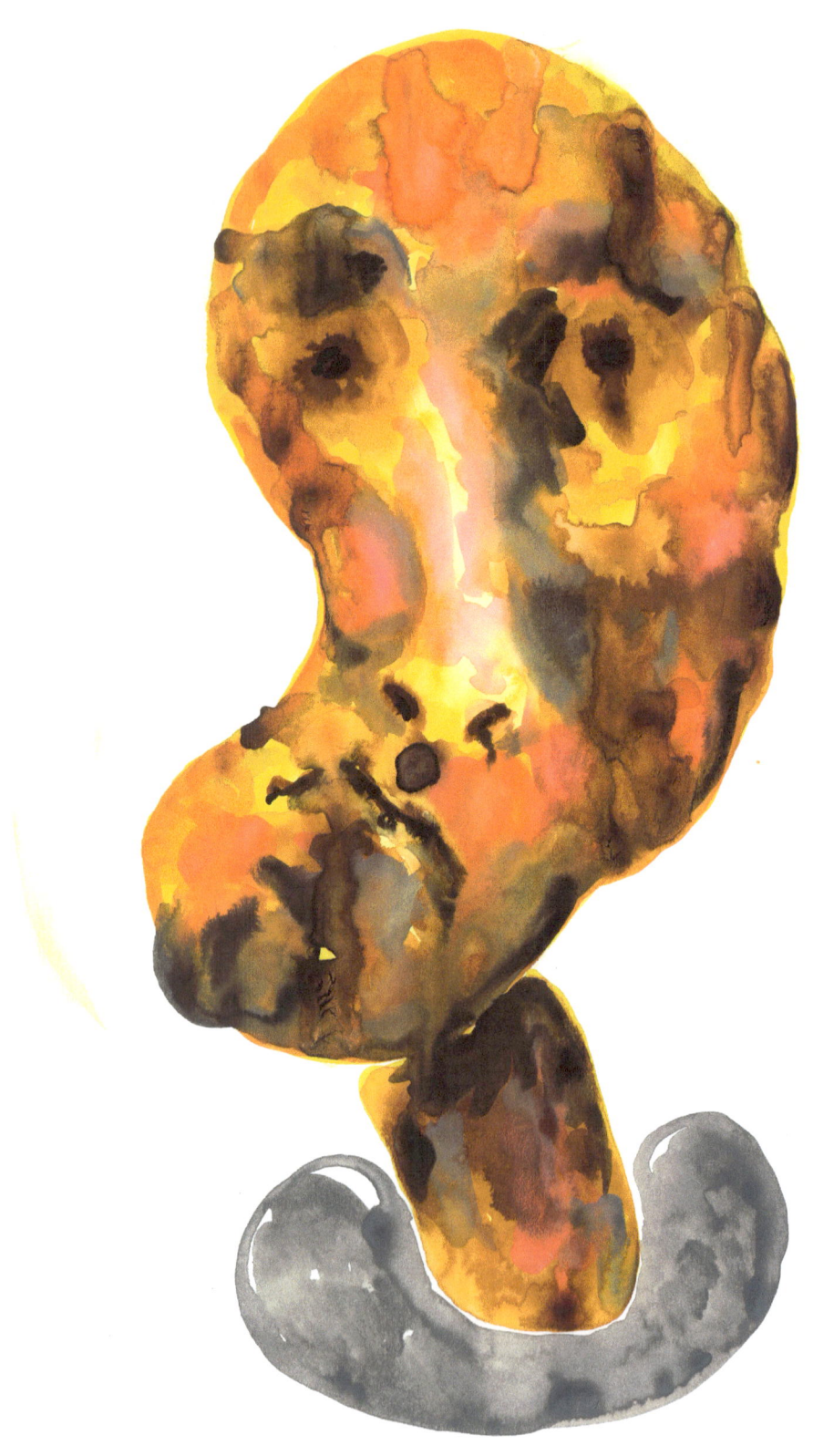

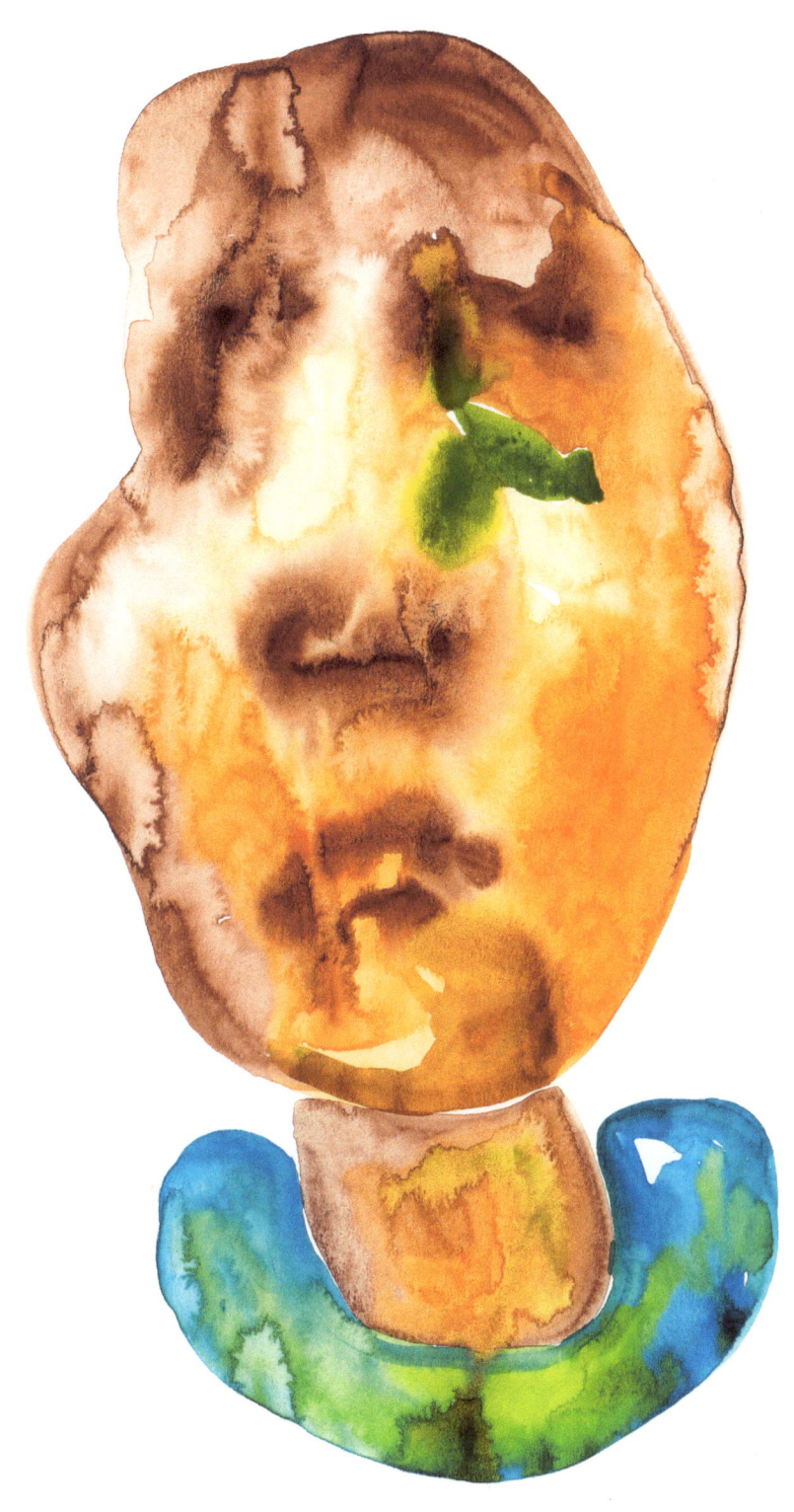

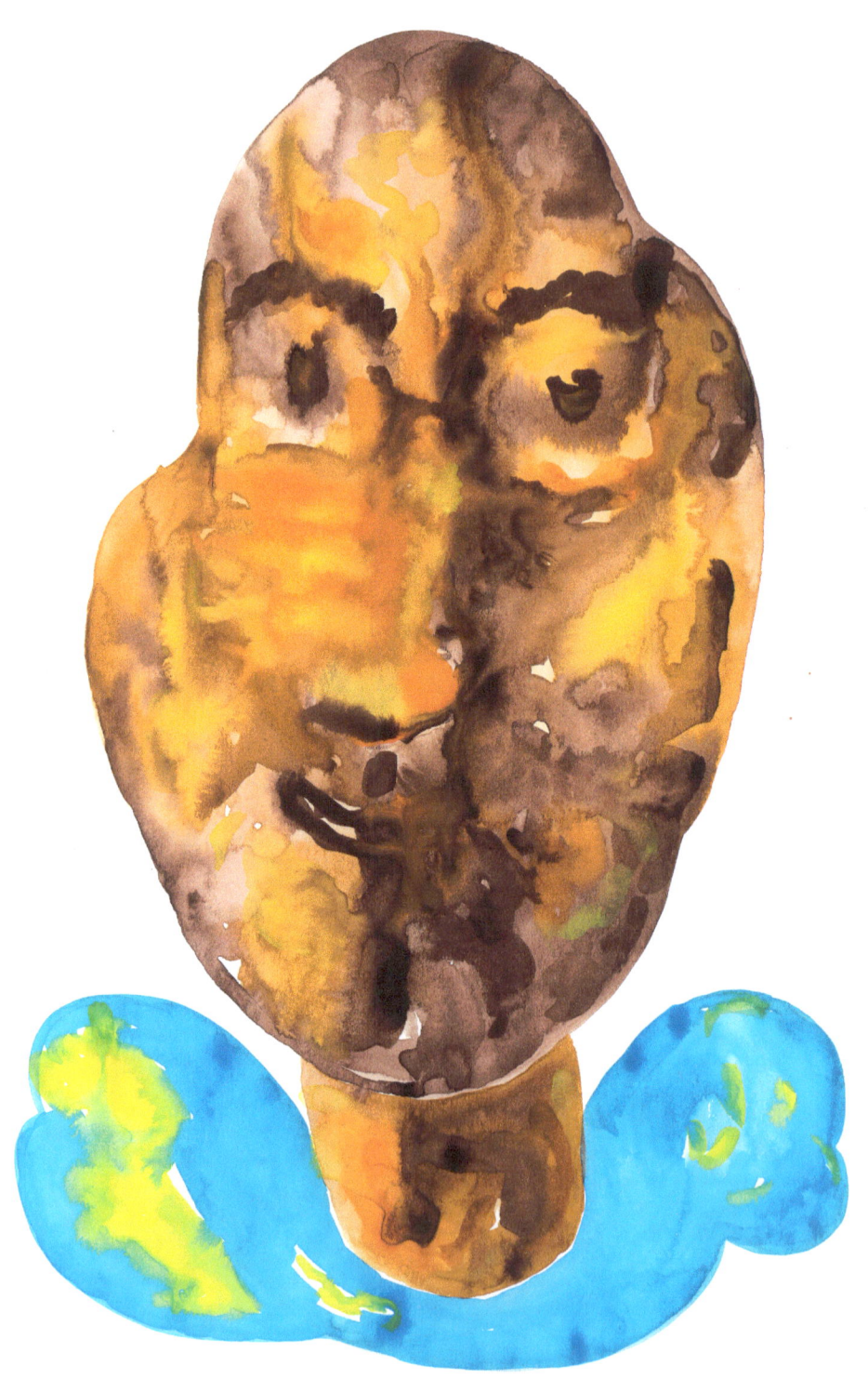

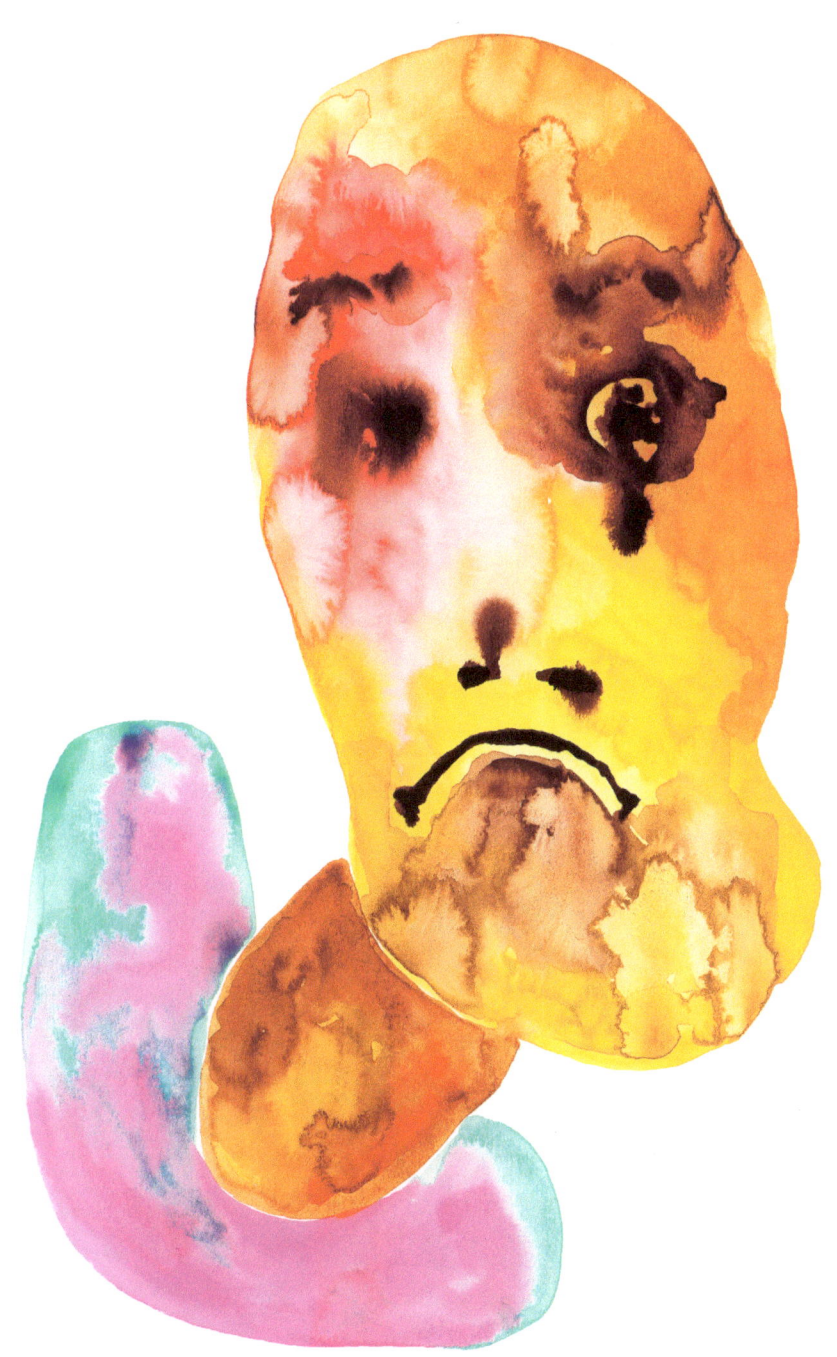

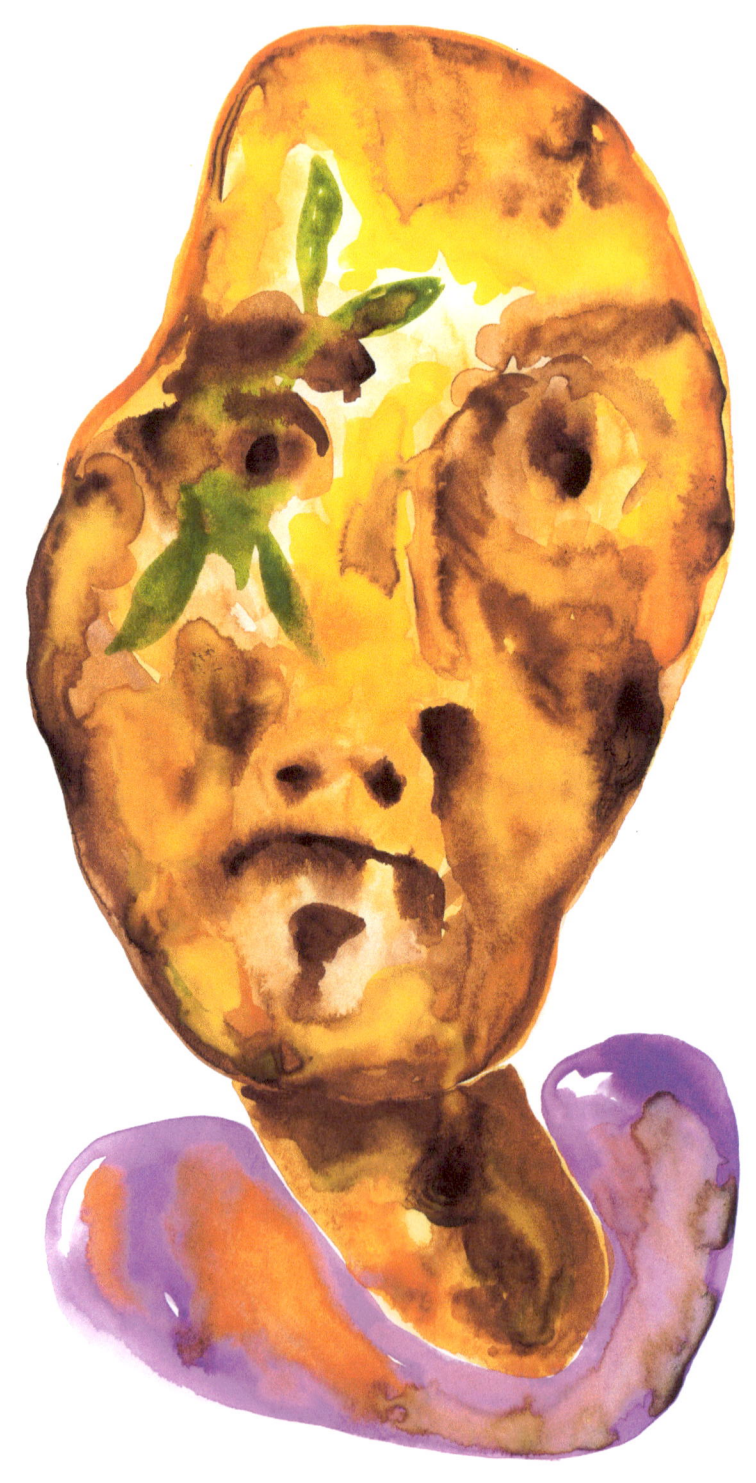

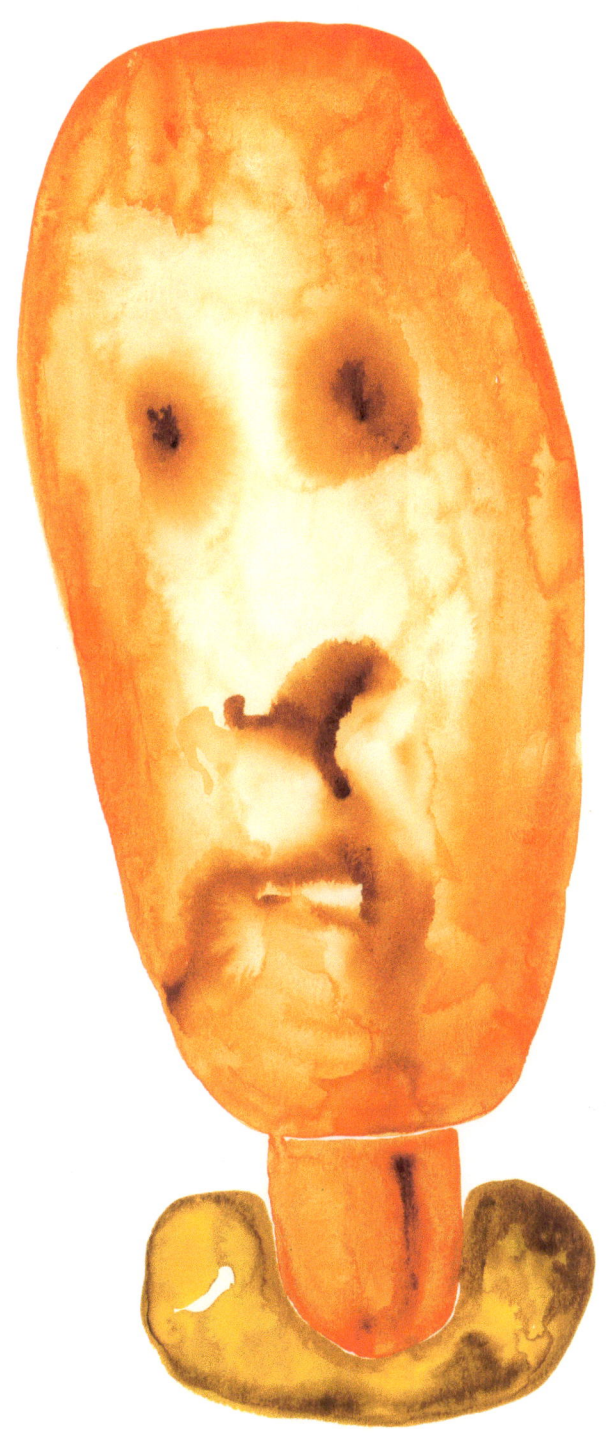

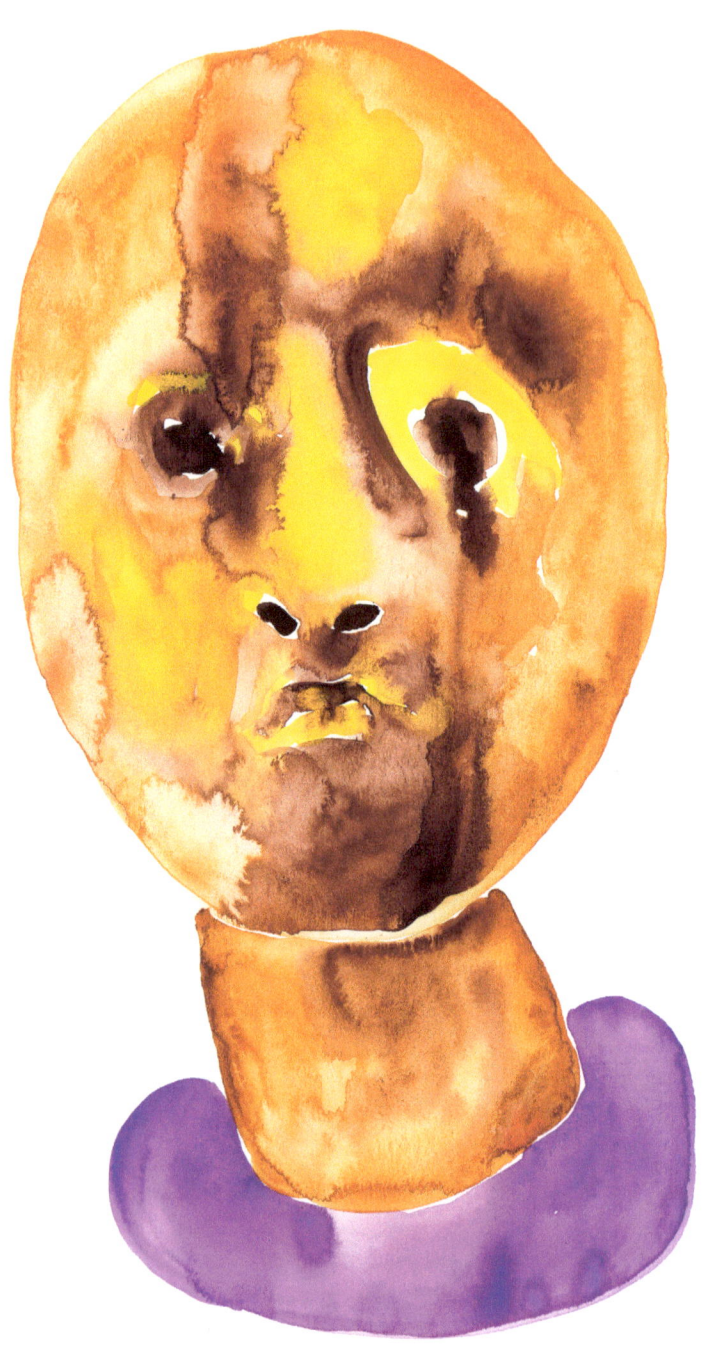

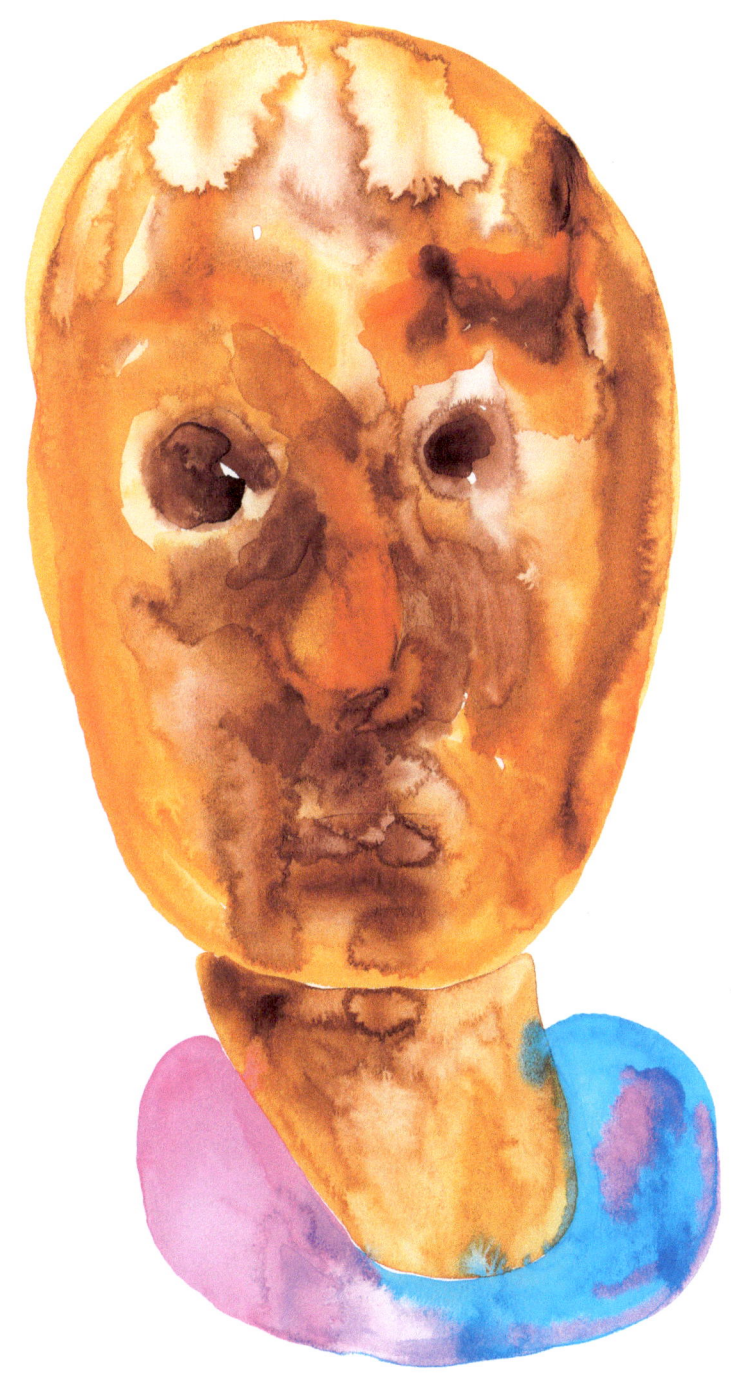

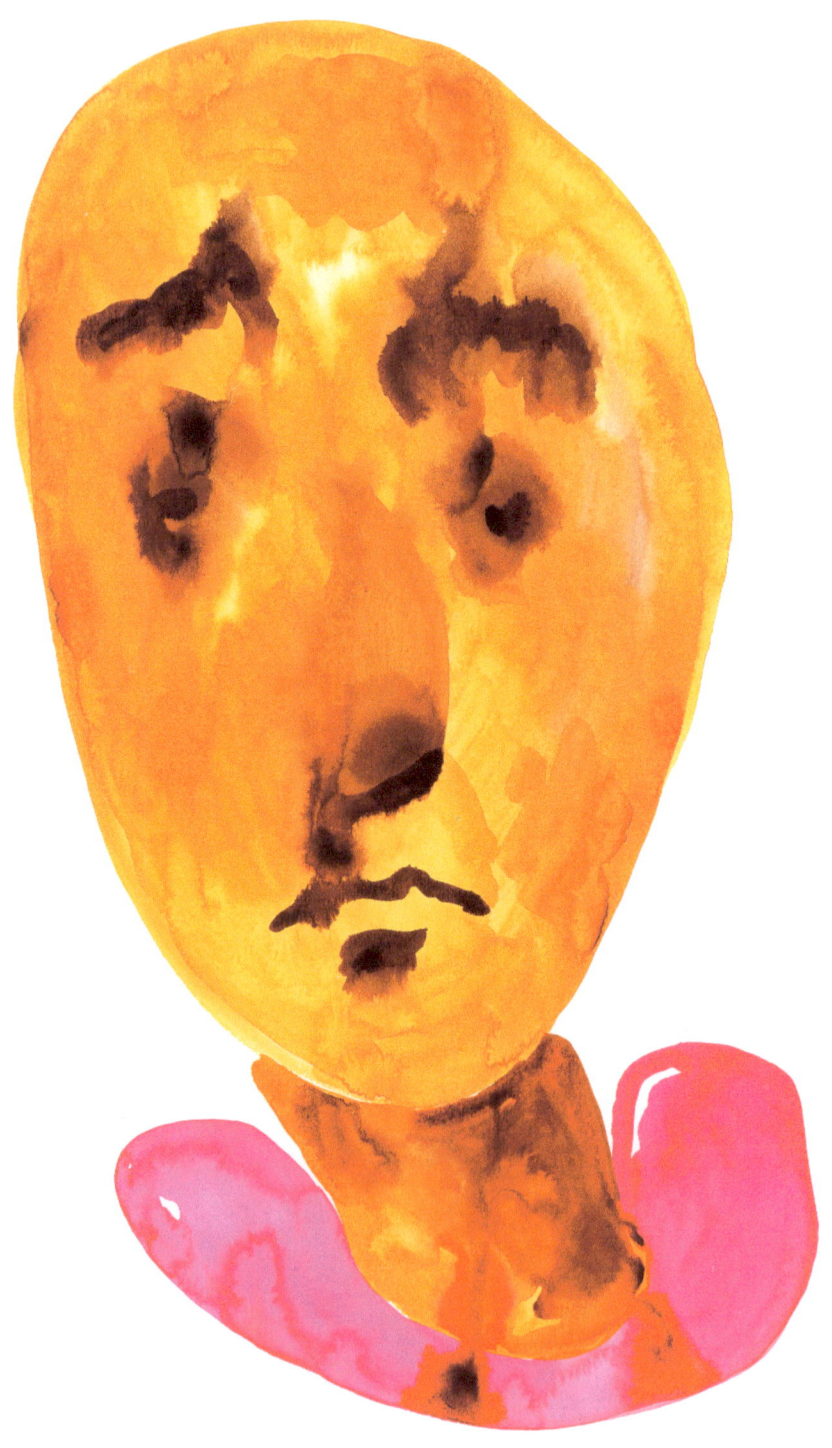

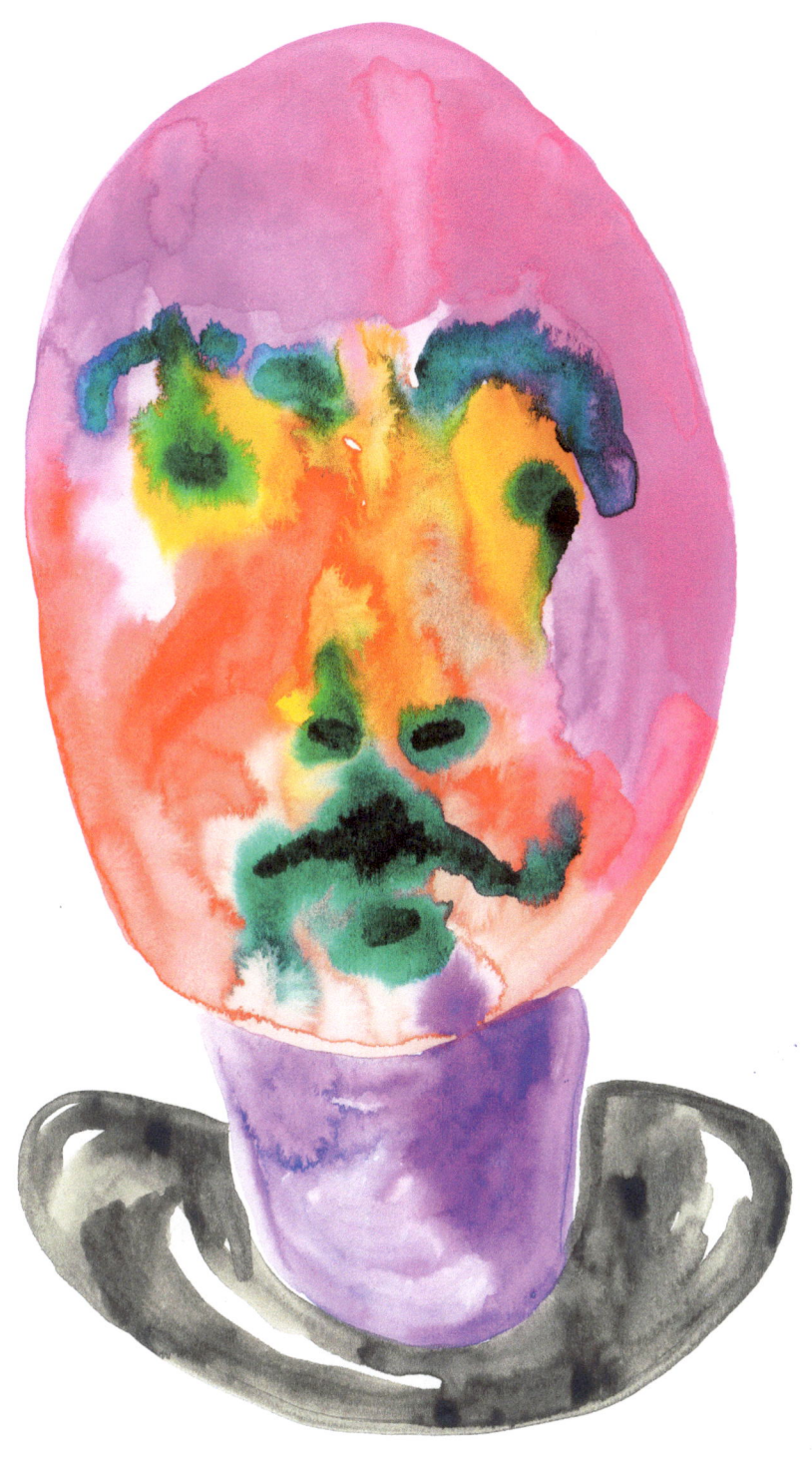

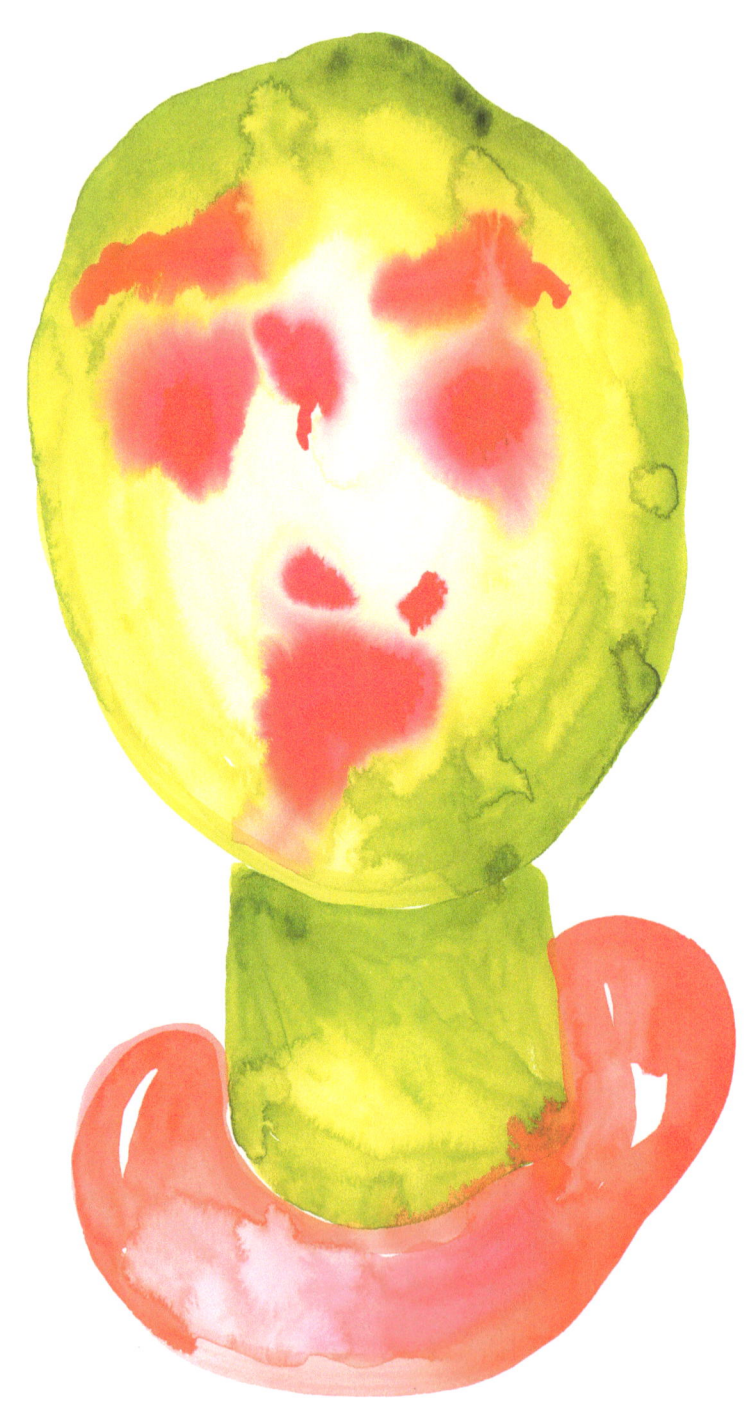

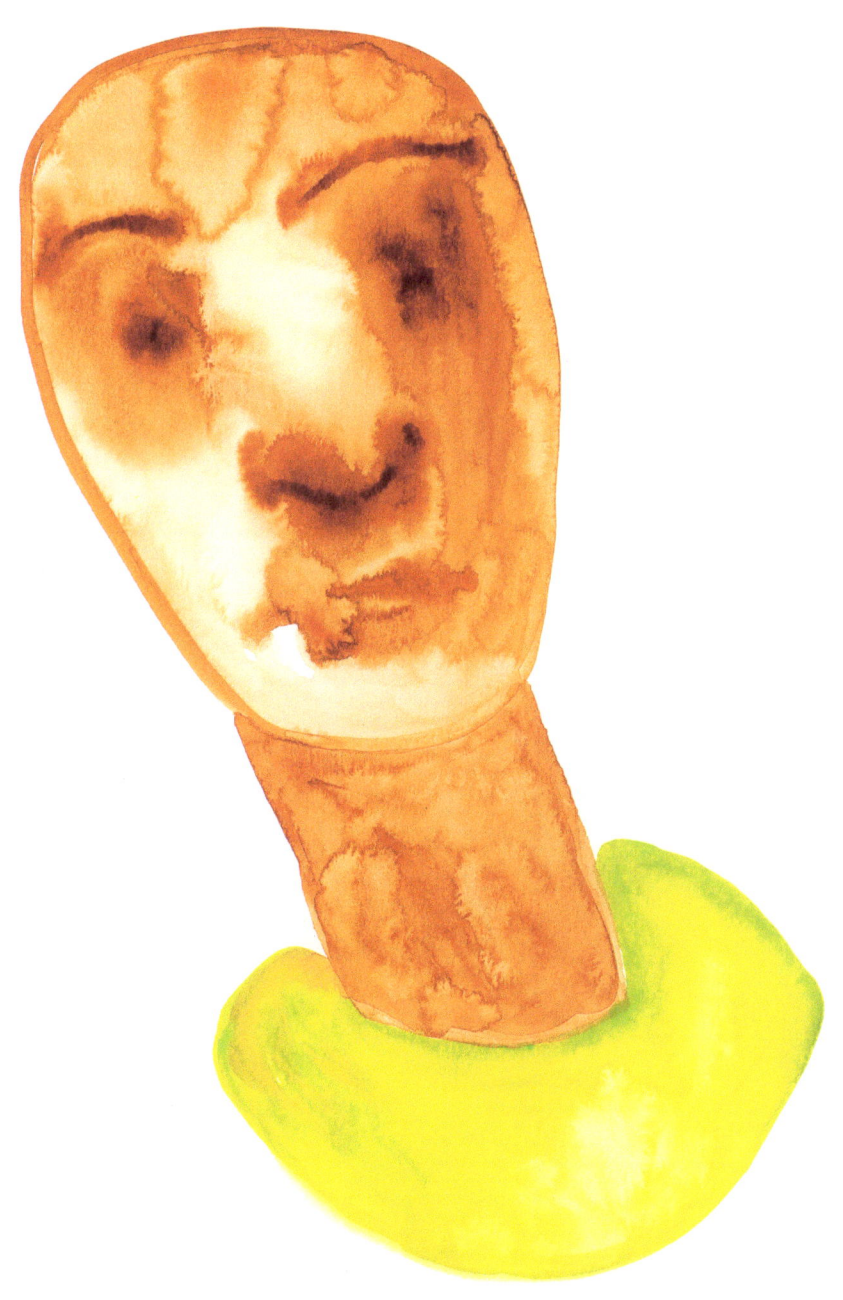

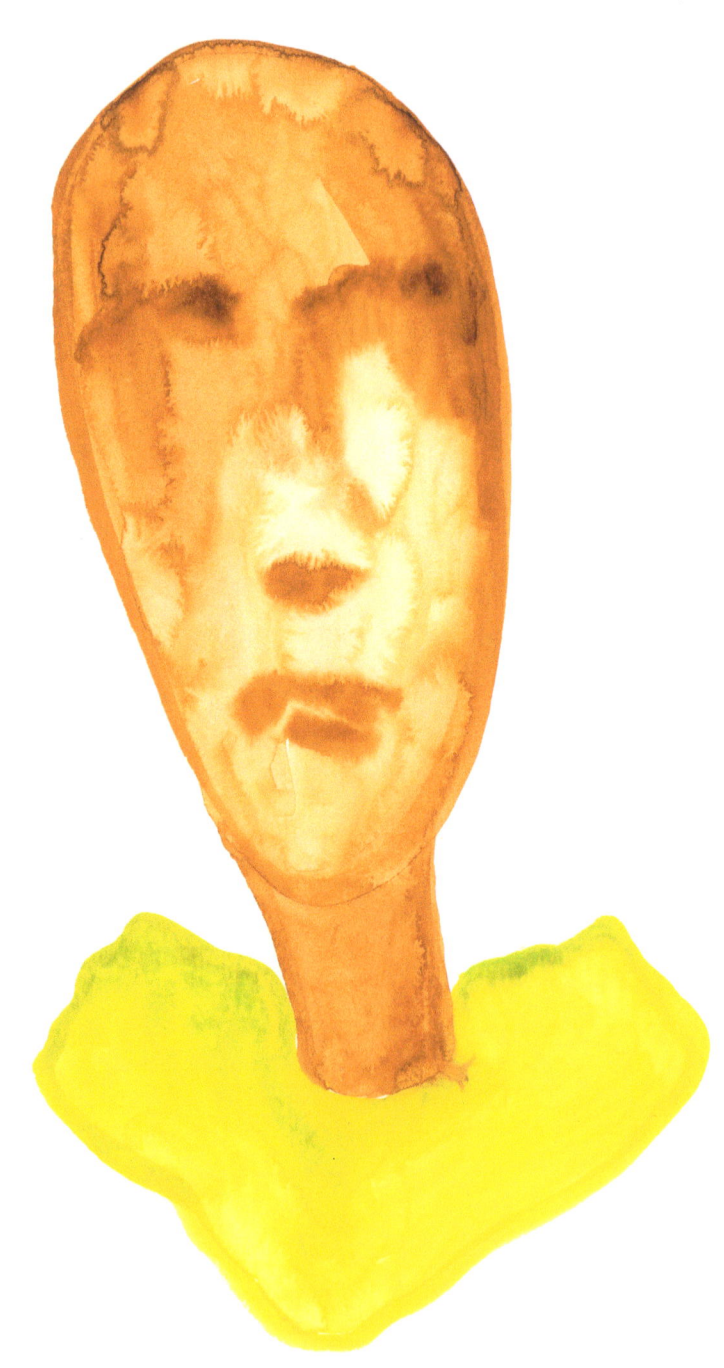

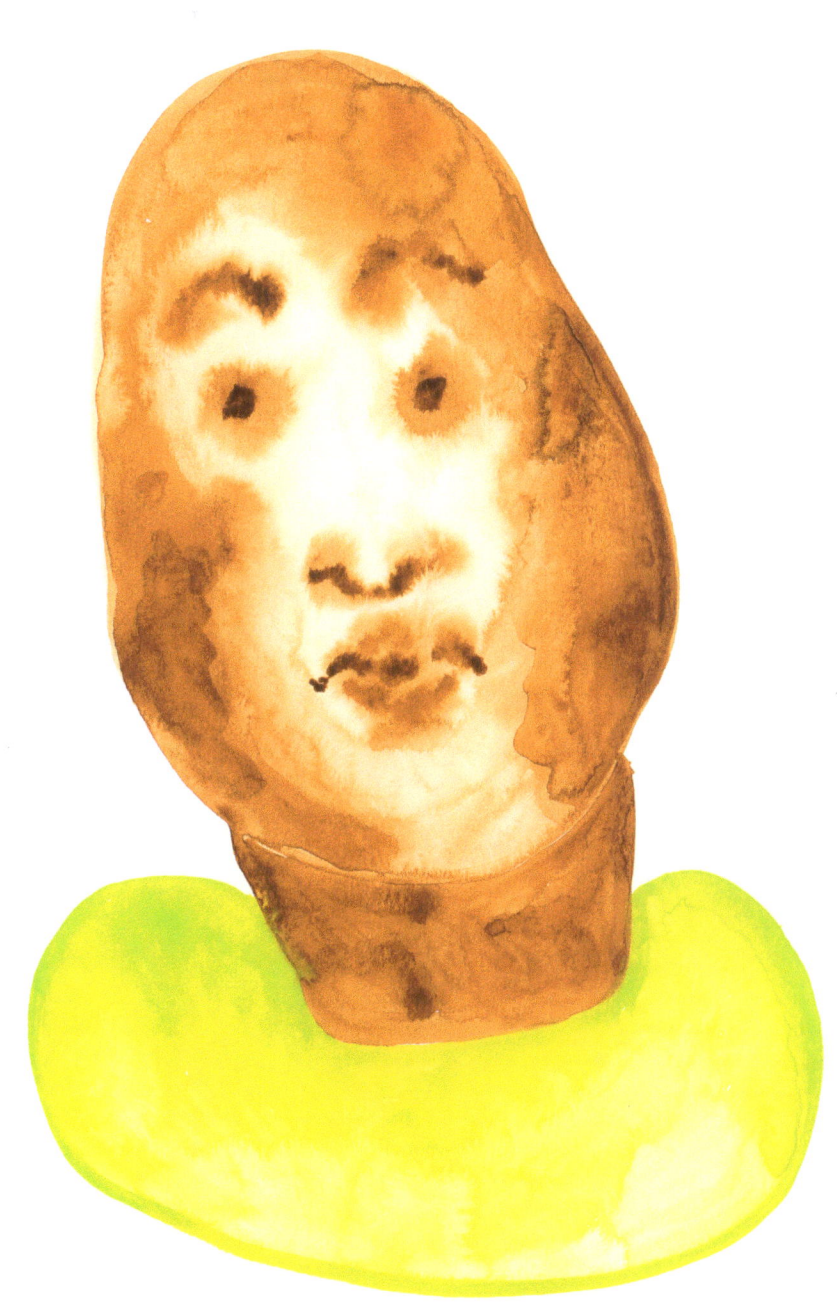

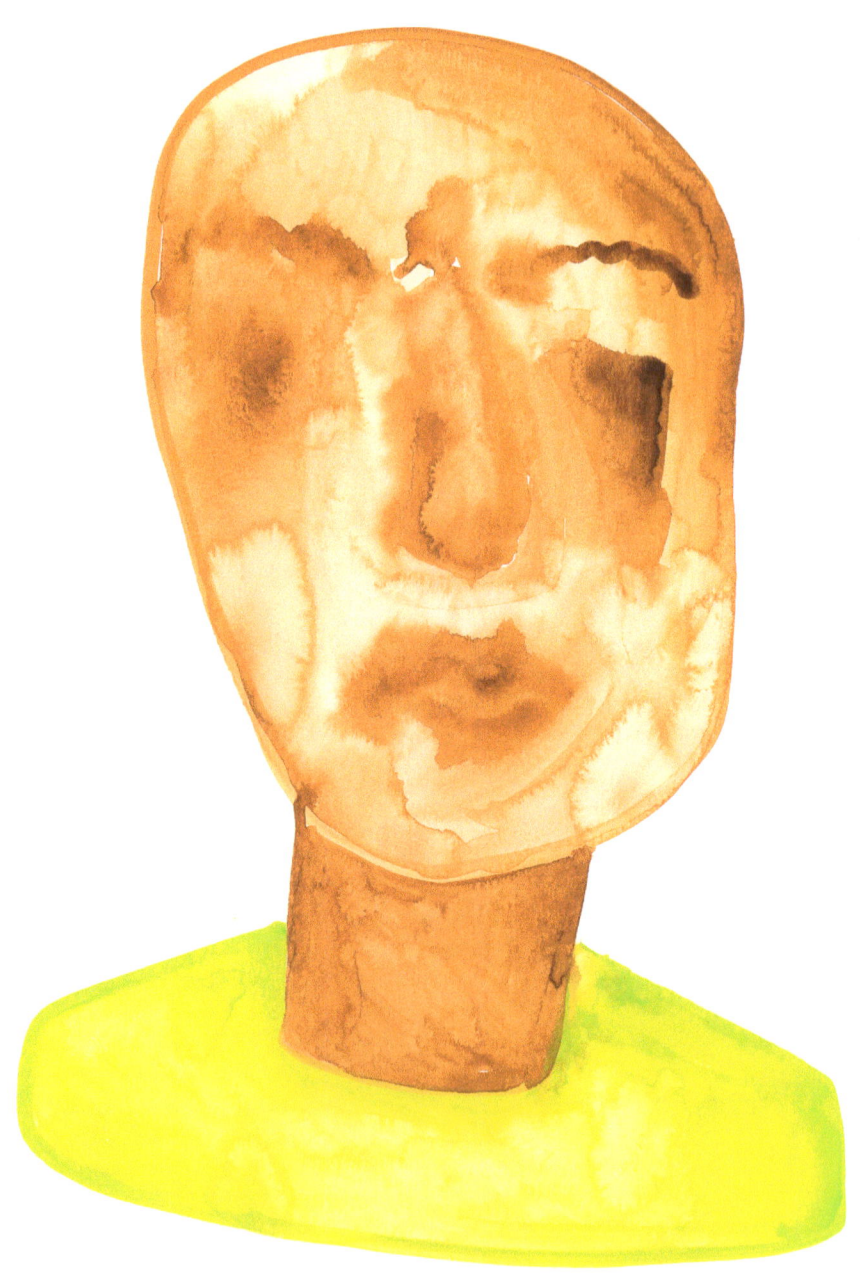

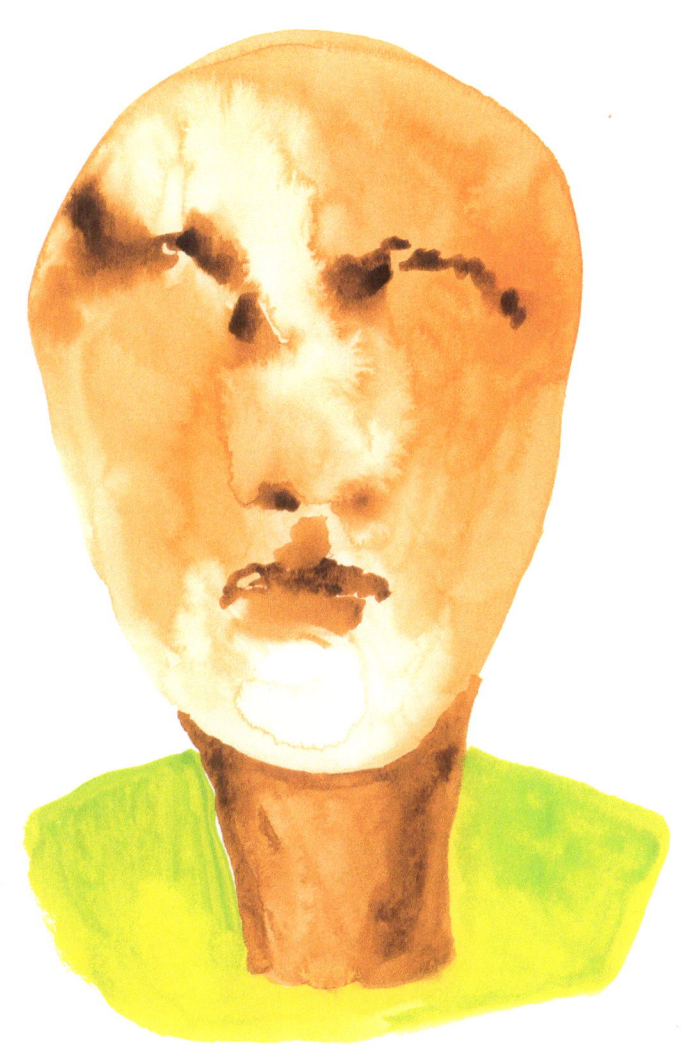

www.ingramcontent.com/pod-product-compliance
Lightning Source LLC
Chambersburg PA
CBHW051220220526
45473CB00003B/1104